W0411703

Christl Sommerfeld

„Großmutti, wer macht denn Krieg?“

Eine Kindheit in Kriegs- und Nachkriegszeit

aufgeschrieben für Kristina und Kathrin

„Über die Lebensgeschichte
Heute ist es schwierig, die Wirklichkeit zu erzählen, weil sie nebelhaft, wirr, chaotisch, unentzifferbar geworden ist.
Jeder kann nur einen sehr kleinen Ausschnitt aus ihr kennen.
Darum glaube ich, dass man heute nur noch erzählen kann, wenn man 'ich' sagt.“

Natalia Ginzburg

Natalia Ginzburg wurde 1916 in Italien geboren und war von 1940 – 1943 von Faschisten in die Abruzzen verbannt.
Sie starb 1991 im Alter von 75 Jahren in Rom.

Inhaltsverzeichnis

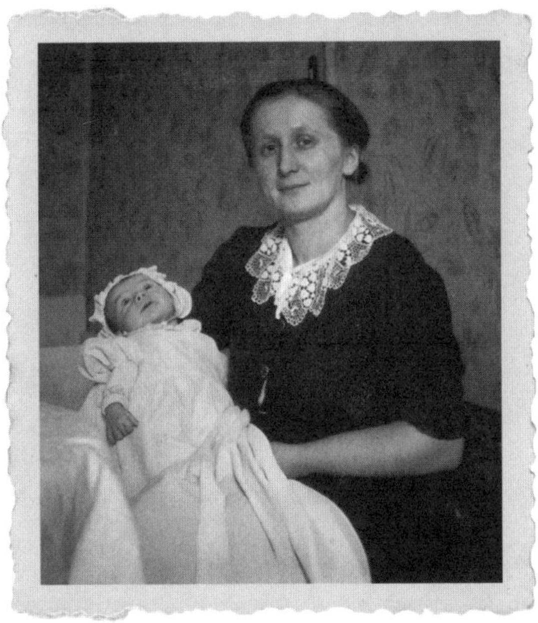

So fing alles an

„Noch sone alte Pisskachel!“, sagte mein Vater, als die Hebamme ihm die Geburt einer Tochter mitteilte.

Meine Eltern hatten schon ein Mädchen, und besonders mein Vater wünschte sich sehnlichst einen Stammhalter.

Mutter hat mir später viele Male erzählt, dass sie sich sehr geschämt hat, noch einmal ein Mädchen zu gebären.

„Zweimal dasselbe und zweimal das Falsche!“, so hat sie es formuliert.

Außerdem wurde sehr gerne erzählt, wie hässlich ich war. Lang, dünn und blitzblau, so kam ich auf die Welt. Sogar eine Cousine beantwortete die Frage, ob sie das Baby niedlich finde, mit: „Nein, das ist nicht niedlich. Das hat ja viel mehr Haut als Knochen.“ Schrumpelig soll ich auch noch gewesen sein.

Heute, mit der Distanz von beinah siebzig Jahren, finde ich, dass das Baby auf den Fotos ganz normal aussieht, nicht schrumpelig und auch nicht sonderlich hässlich.

Mit ein paar Monaten schaut es sogar ganz gewitzt in die Welt.

Es war wenige Stunden vor dem Heiligen Abend des Jahres 1938, als ich in Berlin-Charlottenburg in der Herschel-

straße 12 auf die Welt kam. Wie meine Schwester 14 Monate zuvor, wurde ich zu Hause geboren.
Noch vor meinem ersten Geburtstag brach der zweite Weltkrieg aus, der die Welt erschütterte und meine Kindheit sehr beeinflusste.
Zuerst einmal merkte ich davon jedoch nur wenig. Vielmehr fühlte ich mich durch die familiären Regeln eingeschränkt. Ich war ein Frühaufsteher.
Das hat die Familie oft zur Verzweiflung gebracht, denn es reichte mir nicht, wenn ich wach war, alle sollten aufwachen und schauen, was passiert war, während ich verschwunden war.
Ich erinnere mich an kalte, dunkle Wintermorgende. Unser Vater war Monteur und ging früh aus dem Haus. Mutter stand lange vor ihm auf, um sein Frühstück zu bereiten.
Meist lag ich dann schon wach und lauschte darauf, wann sie in die Küche ging. Ich wartete noch ein paar Minuten, dann ging ich ihr nach. Die Klinke an der Küchentür war sehr hoch, ich kam nur mit den Fingerspitzen daran.
Wenn die Tür aufsprang, sagte Mutter, ohne sich umzudrehen: „Ach, du schon wieder. Geh mal noch mal schlafen." Aber das sagte sie nur so.
Sie stand am Herd, schnitt Spähnchen, um das Feuer anzumachen. Nach einem Weilchen wandte sie sich zu mir, machte die Küchentür zu und nahm von einem Haken an der Tür eine Kittelschürze. In die wickelte sie mich ein und

setzte mich auf einen Stuhl am Küchentisch.
Dort saß ich, wie der Schmetterling in seiner Puppe, eng eingeschnürt, konnte mich nicht rühren. Aber ich war sehr glücklich. Diese Zeit gehörte nur uns, es gab keine anderen Menschen auf der Welt. Mutter ratschte das Streichholz an, hielt es ins Feuerloch, das Papier begann zu brennen. Bald roch es nach dem Feuer. Ich schaute ihr zu, wie sie den Tisch deckte, hin und her lief – ich glaube, wir sprachen niemals ein Wort, aber es war wunderschön.
Dann kam mein Vater.
Auch er sagte: „Na, biste schon wieder aufgestanden?"
Er hob mich hoch, setzte sich, nahm mich auf seinen Schoß und begann, sich eine Stulle zu schmieren. Während Mutter ihm den Proviant für den Tag bereitete, ließ er mich von seinem Brot abbeißen, vom Kaffee, der ja Muckefuck war, ein Schlückchen trinken. Das Feuer im Herd machte es mollig warm in der Küche, der Tag kroch am Himmel herauf.
Diese Morgenstunden sind die schönsten, friedlichsten Erinnerungen an meine Berliner Zeit.

Als die Auswirkungen des Krieges deutlicher wurden, Mutter nach Lebensmitteln stundenlang anstand, die Nächte wegen der Bombenangriffe immer häufiger im Luftschutzkeller verbracht wurden, brachte das auch für uns Kinder deutliche Nachteile mit sich.
Oft nahm unsere Mutter uns zum Einkaufen mit. Es kam

aber auch vor, dass sie uns mit ein paar Spielsachen in einem unserer Gitterbetten, in dem nur noch die Matratze war, zurückließ, in der Hoffnung, uns bei ihrer Rückkehr unbeschadet vorzufinden.

Oder wir spielten in unserem Laufstall; das taten wir sehr gerne, selbst dann noch, als wir schon selbstständig rein- und rausklettern konnten.

Ich erinnere mich nicht, dass wir jemals zu Schaden gekommen sind, oder etwas Schlimmes angerichtet haben, während wir so allein zu Hause waren, aber für unsere Mutter war es schrecklich, uns derart unbeaufsichtigt zu lassen.

Für die Bombennächte, die immer, immer häufiger und heftiger über Berlin tobten, wurde ein großer Wäschekorb vorbereitet. Auf den Boden kamen wichtige Papiere, Wertsachen und Wäsche für uns zum Wechseln. Darauf lagen Decken und Kissen, und für jede von uns ein kleines Spielzeug.

Wenn die Sirene heulte, wurde uns über den Schlafanzug ein Trainingsanzug gezogen, wir bekamen Schuhe und Strümpfe an, wurden in den Korb gesetzt und in den Keller getragen. Als wir für den Korb zu groß gworden waren, liefen wir an der Hand der Eltern. Der Weg in den Luftschutzkeller war nicht weit und ich erinnere ihn sehr genau. Wenn wir aus unserer Wohnung in den Hausflur traten, gingen wir nach links, am Treppenhaus vorbei. Durch die Hintertür des Hauses ging es in den Hof, dort nach rechts, an einer kurzen

Mauer vorbei, die die Kellertreppe verbarg, dann die Stufen hinunter und in den Kellerflur.

Das kurze Stück über den Hof war das gefährlichste, weil wir uns unter freiem Himmel bewegten.

Einmal, als mein Vater mich auf dem Arm trug, das kleine Stückchen Weges rannte, wir schon auf der Treppe in den Keller waren, flog etwas Leuchtendes zischend vor uns hernieder und prallte meinem Vater auf den Schuh.

Es war ein Bombensplitter, der ihn nur deshalb nicht verletzte, weil er die damals modischen Schuhe mit Metallkappe trug.

Es war nicht selten, dass wir mehrmals in einer Nacht von der Sirene aufgescheucht wurden und in den Luftschutzkeller flüchteten. Dann wurden wir Kinder nicht mehr ausgezogen, auch die Erwachsenen legten sich bekleidet ins Bett. In den Keller zu kommen musste ganz, ganz schnell gehen.

In einer Nacht rief meine Schwester meine Mutter, weil sie zur Toilette musste. Mutter zündete ihre Nachttischlampe an und meine Schwester ging ins Bad. Als sie zurückgekommen und wieder in ihr Bett geschlüpft war, knippste Mutter die Lampe aus, und genau in dem Augenblick begann die Sirene zu heulen.

Monatelang haben wir uns vor dem Knopf der Nachttischlampe gefürchtet, weil wir glaubten, die Sirene sei durch ihn ausgelöst worden.

Das mag zeigen, welche Ängste in Kindern toben, die im Krieg groß werden.

Im Luftschutzkeller sehe ich rundherum an den Wänden Bänke, auf denen wir saßen. Ich fand es immer eng und bedrückend, dort unten zu sein.

Es waren auch andere Kinder dort, die im Haus wohnten, aber ich erinnere mich nicht, dass wir jemals gespielt haben. Es war sehr still, nur wenig wurde gesprochen, manchmal weinte jemand.

Einmal, als der Himmel über uns zu brennen schien, während wir über den Hof rannten, als immer neue Geschwader Bomben abwarfen, deren Einschläge wir hörten, saß meine Schwester auf Mutters Schoß und fragte: „Warum machst du die ganze Zeit Hoppe-Hoppe-Reiter mit mir?" Die Erwachsenen zitterten vor Angst.

Wenn der neue Tag gekommen war, gingen die Menschen auf die Straßen und schauten, was die Bombennacht angerichtet hatte. Welche Häuser standen noch? Welche waren zerstört?

Wer war zu Schaden oder sogar zu Tode gekommen?

Ich rieche noch den Brandgeruch, der in der Luft lag, manchmal roch es nach verbranntem Fleisch. Es kam auch vor, dass es aus Trümmern noch qualmte. So still, wie die Menschen in der Nacht in den Kellern beieinander gesessen hatten, standen sie jetzt auf der Straße, froh um jeden unversehrten Menschen, jedes unversehrte Haus.

Die Hitlersche Parole hieß: Schenkt dem Führer ein Kind! Alle Frauen, die weniger als drei Kinder hatten, waren gezwungen, arbeiten zu gehen. Wir waren nur zwei, das bedeutete, dass auch unsere Mutter eine Arbeit annehmen musste. Für uns Kinder hieß das: Hort.

Mutter fand Arbeit bei der Firma Blaupunkt, wir beide, meine Schwester und ich, eineinhalb und zweieinhalb Jahre alt, wurden in aller Frühe in den Hort gebracht und abends wieder abgeholt.

Ich erinnere mich gar nicht an diese Zeit, aber meine Mutter hat oft erzählt, dass ich zwar ohne Weinen dort geblieben bin, mich aber an jedem Abend, wenn einer unserer Eltern kam, um uns abzuholen, ganz doll gefreut habe. Ich sei derart über Tisch und Bänke gesprungen, hätte mit lautem Jubel verkündet: „Meine Mutti ist gekommen! Meine Mutti ist gekommen!“, dass meine Eltern annahmen, ich hätte wohl an jedem Morgen neu geglaubt, für immer dort bleiben zu müssen.

Noch ehe ich mich im Hort eingewöhnen und lernen konnte, dass ich an jedem Abend nach Hause geholt wurde, bekamen meine Schwester und ich eine schwere Durchfallerkrankung. Auf dem Weg zur Arbeit ging unser Vater im Hort vorbei, um uns wegen Krankheit abzumelden. Eine Erzieherin fragte, was wir denn hätten, und als mein Vater sagte, dass wir beide einen schlimmen Durchfall hätten, sagte sie: „Dann haben sie die Ruhr.“

Diese böse Krankheit war schon seit Längerem im Hort bekannt, man hatte unsere Eltern nicht darüber informiert.
Es war meine erste schwere Krankheit, die ich im Alter von 18 Monaten beinahe nicht überlebt habe. Für Mutter wurde es ganz besonders schlimm, als auch sie sich bei uns ansteckte und selbst krank wurde.
Aus dieser Zeit stammen meine ersten Erinnerungen.
Es kam ein Arzt zu uns in die Herschelstraße, den ich deutlich vor mir sehe.
Er trug keinen weißen Kittel, das nahm mir die Angst. Er sprach ruhig und freundlich mit mir. Einmal, als er an meinem Bett stand, habe ich ihm den hellen Sommeranzug vollgebrochen.
Ehe meine Schwester Doris und ich ganz gesund geworden waren, bekam meine Schwester einen ungewöhnlich starken Husten. Mutter hegte die schlimmsten Befürchtungen, die bestätigt wurden, als der Arzt den Husten hörte: Wir hatten beide Keuchhusten.
Die ansteckenden Krankheiten bedeuteten auch, dass wir bei Bombenangriffen nicht in den Luftschutzkeller durften.
Natürlich war unsere Mutter sehr geschwächt von der eigenen schlimmen Krankheit und den ständigen Einsätzen Tag und Nacht mit zwei kranken Kindern.
So beschlossen die Eltern, uns, wenn wir reisefähig sein würden, zu unserer Großmutter nach Schlesien zu bringen.
Sie war die Mutter unserer Mutter, wir liebten sie sehr, und

in Schlesien war im Jahre 1940 vom Krieg noch nicht viel zu spüren.

Im Sommer ging es also auf große Fahrt.

Wir fuhren mit dem Zug, es war eine weite Reise und ich denke, dass es für unsere Eltern nicht leicht war, beide Kinder so weit weg zu geben.

Großmutter wohnte bei Familie Heide. Sie hatte in der ersten Etage ein Zimmer mit einem Kachelofen. Heides hatten einen Garten mit Enten, Gänsen und Hühnern und ein paar Ziegen.

Ein Paradies für uns!

Von diesem ersten langen Aufenthalt in der Heimat unserer Mutter erinnere ich nichts. Aber es soll eine kleine Geschichte hier aufgeschrieben sein, die sich in dem darauffolgenden Sommer zutrug und die oft zum Amüsement der Verwandten erzählt wurde.

Herr Heide arbeitete bei der Reichsbahn.

Bei einem Rangiermanöver war ihm ein Bein abgefahren worden, sodass er den Dienst am Bahnhof nicht mehr tun konnte. Die Bahnlinie führte direkt am Haus Laubaner Straße 17 vorbei, in dem Großmutter wohnte, und Herr Heide bediente das Bahnwärterhäuschen.

Er ließ die bimmelnden Schranken herunter und drehte sie nach dem Passieren des Zuges wieder hoch.

Er hatte einen kleinen, bunten Garten angelegt, wie man sie in jenen Jahren auf beinahe allen Bahnhöfen sehen konnte.

Auch in seinem Häuschen, das man über eine steile, eiserne Treppe erreichte, war es sehr gemütlich. Überall, wo nur ein kleines Plätzchen frei war, blühte und grünte es. In späteren Jahren haben meine Schwester und ich manch fröhliches Stündchen bei Herrn Heide im Bahnwärterhäuschen zugebracht.

In diesem ersten Sommer, ich war zweieinhalb Jahre alt, erzählte Herr Heide unserer Mutter folgende Geschichte: Ich hielt mich unten bei Heides auf. Es war Abend, Herr Heide kam nach dem Passieren des letzten Zuges nach Hause. Das erste, was er dann tat, war, sein Holzbein, das ihm viele Schmerzen bereitete, abzuschnallen. Ich schaute ihm sehr gespannt dabei zu. „Warum machst du das?", fragte ich.

„Weil ich jetzt gleich schlafen gehe und dabei das Bein nicht brauche.", antwortete er.

Als nächstes zog er das Bein aber fein säuberlich wieder an, mit einem sauberen Socken und dem Bein der Unterhose.

„Und warum ziehst du das Bein an, wenn du es doch nicht brauchst?", fragte ich weiter.

„Nu ja," sagte er, „wenn ich die Nacht mal träume, ich geh spazieren, dann ist dieses Bein schon mal richtig fertig angezogen."

Außer seinem Holzbein hatte Herr Heide eine starke Schwerhörigkeit, die ihn veranlasste, sehr laut zu sprechen. Mir, die ich von klein an sehr lärmempfindlich war, kam diese Lautstärke wohl bedrohlich vor und ich sagte zu ihm: „Schreien

Sie mich doch nicht so an! Der Mann da oben schreit mich ja auch nicht so an!“

„Der Mann da oben“ war das Rembrandtbild „Mann mit Goldhelm“.

Während unsere Mutter an dieser Geschichte besonders den Vergleich der beiden Männer belächelte, staunte Herr Heide, so lange ich ihn kannte, darüber, dass ich vom vertrauten Du zum Sie gewechselt hatte, als ich ihn tadelte, wo ich doch noch so klein war.

Nach einigen Monaten holten die Eltern uns wieder ab. Gestärkt von der gesunden Luft, den ruhigen Nächten und nicht zuletzt der liebevollen Pflege unserer Großmutter, kamen wir in die große Stadt Berlin zurück.

Es war wohl zu dieser Zeit, dass ich anfing wegzulaufen.

Die Erwachsenen nannten es Weglaufen, ich weiß sehr genau, dass ich nur wissen wollte, wie es außerhalb meiner kleinen Welt aussah.

Ich denke, dass ich zuerst lediglich die Herschelstraße auf und ab gegangen bin, später auch mal um die Ecke in die Fabriciusstraße bog, oder noch ein Stückchen weiter bis zur Gustav-Adolf-Kirche.

Mut, Alter und Neugierde wuchsen jedoch im selben Maße wie ich, sodass ich mich immer weiter entfernte.

Bevor wir auf die Straße zum Spielen gingen, unseren Roller, das Fahrrad, die Puppenwagen mitnahmen, hockte unsere Mutter sich vor mich und sagte in sehr eindringlichem

Ton: „Und du gehst nicht vom Bürgersteig runter auf den Damm, hörst du!“
Dabei schüttelte sie mich ein wenig an den Schultern, um ihre Worte zu unterstreichen.
Hielt ich mich an die Anweisung, konnte ich im weiten Bogen um das Haus herumfahren, am Ende der Herschelstraße nach links in die Fabriciusstraße einbiegen, über den Platz der Kirche und über die Brahestraße zurückkehren.
Oder alles andersrum. Dann blieb ich auf dem Bürgersteig.
Aber schon um in die Schrebergärten zu kommen, musste ich die Fabricuisstraße überqueren. Und zur S-Bahnstation Jungfernheide war es noch weiter. Dort war ich besonders gerne. Ich stand am Kassenhäuschen, das nur oben aus Glas war, unten war es aus Blech. Ich war so klein, dass ich durch die Sperre gehen konnte, ungesehen, ohne Fahrkarte, ohne Bahnsteigkarte.
Die Eltern sagten zu mir, wenn ich etwas Unrechtes getan hatte: „Du bist doch nun schon groß. Mach nicht solche Dummheiten!“
War ich groß? Oder doch noch klein?
Vater sagte: „Sie braucht mal eine anständige Wucht, dann wird sie's schon lassen.“
Aber Mutter verstand wohl mein Fernweh und sagte: „Sie wird es schon lernen.“
Es wurden Vorkehrungen getroffen, um mich an meinen Unternehmungen zu hindern. Vor dem Geschäft in der Warte-

schlange hielt Mutter mich fest an der Hand.
Ich wartete geduldig, wissend, zum Bezahlen braucht sie beide Hände – schwupp, weg war ich.
Es wurde mir etwas versprochen: Wenn du nicht wegläufst ... Ich nahm es mir wirklich vor, aber die Straße zog mich an!
Ich ging an die Spree, wohin mein Vater mich mitnahm zum Angeln. Ich ging hinter Milchmann Bolle und seinem Pferdewagen her, freute mich an der Bimmel und dem Rufen und dem Pferdegetrappel.
Ich lag unter einem Baum und schaute in die Blätter.
Einmal lief ich im Schwimmbad Wannsee weg, versteckte mich und wartete darauf, gefunden zu werden. Ich bekam einen schrecklichen Sonnenbrand, der ganze Körper war mit Brandblasen überdeckt, Fieber schüttelte mich.
Vater sagte: „Das kommt vom Weglaufen! Wärst du nicht weggelaufen ...“
Ich habe den Erwachsenen wieder und wieder erklärt, dass sie mich nicht zu suchen brauchten, dass ich alleine wieder nach Hause fände.
Aber man muss sich in die Lage meiner Mutter versetzen: Das alles geschah nicht irgendwo auf dem Lande, sondern in der großen Stadt Berlin. Und es war Krieg! Jeden Moment konnte es Fliegeralarm geben.
Wenn meine Mutter merkte, dass ich weg war, brachte sie meine Schwester nach Hause und machte sich auf die Suche

nach mir. Wäre tatsächlich ein Fliegeralarm gekommen, hätte sie selbst in irgendeinen Luftschutzkeller gehen müssen, wissend, dass eines ihrer Kinder zu Hause allein war, das andere irgendwo.

Gottlob ist dieser Fall niemals eingetreten, aber meine Mutter konnte sich natürlich nicht auf das Wort ihrer Drei-, Vierjährigen verlassen, dass sie schon wiederkommen werde.

Dann gab es eine neue Maßnahme: Meine Schwester sollte auf mich aufpassen. Zum Beispiel vor den Geschäften, während unsere Mutter in der Warteschlange stand.

Meine arme Schwester, nur ein Jahr älter als ich, war vollkommen überfordert mit dieser Aufgabe. Sie hielt mich bei der Hand, ganz fest, so sehr ich auch kniff und zog und zerrte.

Ich gab mich scheinbar geschlagen. Dann sagte ich: „Ich muss mir mal die Nase putzen." Sie ließ los – weg war ich. Als Mutter mich gefunden hatte, klemmte sie mich wortlos unter den Arm und trug mich nach Hause. Dort versohlte sie mir gewaltig den Hintern und sagte: „Hau ab!"

Im Kinderzimmer saß meine Schwester und weinte.

„Warum weinst du?", fragte ich.

„Weil sie mich verhauen hat!", sagte sie.

„Dich? Warum? Biste auch weggelaufen?"

„Nein", sagte sie wütend, „aber du. Und ich sollte auf dich aufpassen!"

Ich bin niemals mehr weggelaufen.
Alle haben das auf die Schläge geschoben, die ich bekommen hatte. Aber das stimmt nicht. Es war die andere Wucht, die unsere Mutter ausgeteilt hatte.

Im Hof hatten wir einige Kaninchen.
Die Ställe hatte sicher unser Vater gebaut, er war sehr geschickt in solchen Arbeiten. Für die Tiere sammelten wir Gras und Löwenzahn, Klee, Sauerampfer und anderes Grünzeug.
Manchmal durften wir zwei Kaninchen mitnehmen. Die kamen in einen Deckelkorb, und wenn wir dort ankamen, wo das Futter zu finden war, ließen meine Schwester und ich die Tiere an einer langen Schnur laufen. Ich denke, dass das für die Kaninchen nicht so lustig war, aber wir Kinder liebten es sehr, so zu tun, als hätten wir einen Hund.
Zuweilen fehlte am Morgen eines der Kaninchen.
Die Eltern sagten, es sei wohl in der Nacht gestohlen worden; ich habe das Fleisch, das kurz nach dem „Diebstahl" auf dem Teller war, niemals mit den Kaninchen in Zusammenhang gebracht.
Alles wurde verwertet, was solch ein Tier zu geben hatte: Das Fleisch, aber auch das Fell. Mutter nähte daraus Kragen und Muffs für uns, auch Handschuhe, da war das Fell nach innen gekehrt und machte schöne warme Hände.
Im Flur unserer Wohnung in der Herschelstraße hatte

Vater uns Turngeräte gebaut. Es gab eine Sprossenwand, eine Querstange unter der Decke mit einer Schaukel und einer Turnstange daran, und ich glaube auch noch etwas zum Klettern. Besonders im Winter und bei schlechtem Wetter haben wir gerne daran gespielt.
Es gab aber auch heftige Streitigkeiten.
Wie das bei Kindern so ist, konnten die Geräte wochenlang unbenutzt im Flur herumhängen, niemand spielte daran, aber wenn eine von uns die Schaukel wiederentdeckt hatte, wollte unbedingt auch die andere sofort und auf der Stelle schaukeln.
Wir stritten uns möglichst wortlos, zerrten nur an den Seilen und versuchten, die Schwester herunter zu werfen, denn wenn unsere Mutter den Streit bemerkte, machte sie kurzen Prozess: Sie hängte die Schaukel ab und aus wars.

An sonnigen Tagen gingen wir in den Park des Charlottenburger Schlosses. Wir nahmen Sandspielzeug mit, das wir selber trugen.
Mutter traf dort andere Frauen, wir Kinder konnten mit anderen Kindern spielen. Die Frauen saßen auf den Bänken oder auf dem Rand des Sandkastens. Es gab große Teiche, auf denen wir Enten und Schwäne beobachteten, es gab große Bäume und viele Blumen, weite Wiesen, auf denen wir rennen und Purzelbaum schlagen konnten, ein herrliches, friedliches Leben, inmitten des Krieges.

Eine ganz deutliche Erinnerung habe ich daran, dass in einem Sommer Liliputaner ganz in unserer Nähe ihre Wagen postiert hatten. Sie gingen häufig durch die Herschelstraße, aber auch anderswo waren sie anzutreffen.

Einmal spielten wir vor der Tür, als eine der kleinwüchsigen Frauen mit einem Kinderwagen vorbei kam. Es sah für uns Kinder einfach komisch aus, wie die kleine Frau einen normal großen Wagen schob. Wir schauten uns an, rannten ins Haus, holten eiligst unsere Puppenwagen und gingen hinter der Frau her. Dabei ahmten wir den schwerfälligen Gang nach und machten uns hinter unserem Wagen klein. Mutter war dieser eilige Spielzeugwechsel als suspekt aufgefallen, sie ging ihren kleinen Mädchen nach und nahm sie schnurstracks mit zurück.
Sie redete mit uns übers Anderssein und davon, dass wir uns keinesfalls darüber lustig machen dürften; auch Menschen, die anders seien, müsse man mit Würde behandeln.

Obwohl mein Vater bei meiner Geburt keine Freude zeigte, dass auch sein zweites Kind nicht der ersehnte Sohn war, haben wir uns später sehr gemocht.
Nach heißen Sommertagen, wenn es Abend und kühler wurde, ging er mit mir spazieren. Immer ging er vor mir her, hielt den Kopf gesenkt und faltete auf dem Rücken die Hände ineinander.

Ich machte das genauso.
Wir liefen nah an den Häusern entlang, und ich fühlte die Wärme, die aus den Mauern strömte. Wir sprachen kaum, aber ich war gern mit ihm unterwegs.
Oder er fuhr mit mir O-Bus.
Im Gegensatz zur U-Bahn, die ich nicht mochte, vor der ich mich fürchtete und die ich nur schreiend überstand, liebte ich den O-Bus. Mein Vater und ich zogen los, er kaufte sich eine Zeitung, stieg mit mir in den Bus, setzte sich unten hin und kümmerte sich nicht weiter um mich.

Meine Mutter erzählte mir später oft eine kleine Geschichte rund um die Busfahrten. Wiederholt fand sie nach unseren Ausflügen Kleingeld in meinen Taschen. Sie stellte meinen Vater zur Rede und sagte: „Wenn du schon mit ihr Bus fährst, gib ihr nicht auch noch Geld."
Weil unser Vater versicherte, mir niemals Geld zu geben, es aber immer wieder vorkam, dass sich Münzen bei mir fanden, bekam er die Order, aufzupassen, was ich eigentlich während der Busfahrt so triebe.
Und was trieb ich? Ich weiß es noch ganz genau!
Mir hatte es nicht nur der O-Bus, sondern auch und ganz besonders die Schaffnerin angetan. Sie, mit blauem Rock und blauer Jacke bekleidet, auf dem Kopf ein kesses Hütchen, trug vor dem Bauch den kleinen Apparat mit Fahrscheinen und Wechselgeld. Die Münzen befanden sich in

Röhren unterschiedlicher Größe, in die sie das Fahrgeld oben hinein gab, und aus denen durch leichten Druck auf einen Knopf das Wechselgeld unten herausfiel.
Am allerbesten aber gefiel mir die Art, wie sie mit lächelnder Leichtigkeit auf einer der obersten Stufen stand und rief: „Sonst noch jemand ohne Fahrschein?" Woraufhin jeder, der diesen Tatbestand erfüllte, willig sein Portemonnaie zog und ihr Geld gab.
Genau das tat ich auch. Ich stellte mich auf eine der obersten Stufen und fragte mit lächelndem Ton: „Sonst noch jemand ohne Fahrschein?"
Und weil ich die S-Laute noch nicht richtig sprechen konnte, wurde es immer ein „Fahrssein".
Danach ging ich an den Fahrgästen entlang, tat so, als bekämen sie auch von mir einen Fahrschein, und manche gaben mir einen Pfennig oder auch zwei.
Das Geld hat mich überhaupt nicht interessiert, aber Schaffnerin zu sein, das war so schön!

Auch den Sommer des zweiten Kriegsjahres verbrachten wir in Naumburg bei unserer Großmutter.
Ich glaube, dass wir Kinder uns dort nur wohlgefühlt haben und keinerlei Heimweh hatten. Aber heute, wo ich selbst Großmutti zweier Enkelmädchen bin und weiß, wie anstrengend es ist, diese über einen längeren oder gar langen Zeitraum zu hüten, tut unsere Oma mir oft leid. Zudem wurde

sie auch noch in der Töpferei gebraucht. Unser Großvater war Töpfer, und unsere Großmutter hatte ebenfalls lange Jahre in der Töpferei Padding gearbeitet. Besonders geschätzt wurde sie beim Glasieren.
Wenn wir nun bei ihr waren und sie sollte dringend in der Töpferei aushelfen, nahm sie uns manchmal mit. Das war wunderbar für uns, denn es gab eine Menge zu sehen. Aber zwei so kleine Wuselchen zwischen all den Brettern mit Tönernem, das war eine gefährliche Geschichte.
Bei solch einer Gelegenheit sagte sie, wir sollten eine kleine Weile alleine bleiben und keine Dummheiten machen. Wenn wir auf dem Fensterbrett säßen, könnten wir sie erst weggehen sehen, und über ein Weilchen käme sie dann schon die Straße wieder zurückgelaufen.
Als Großmutter von unten hochschaute, saß schon nur noch ein Enkelkind auf dem Fensterbrett. Und als sie wiederkam, konnte sie gar nicht mehr duch das Fenster sehen.
Vorsichtig öffnete sie die Wohnungstüre und brauchte wohl einen Moment, ehe sie begriff, was da geschehen war: Wir hatten eine große Dose Niveacreme, die Mutter aus Berlin geschickt hatte, damit wir in der rauen Luft unsere Haut schützen konnten, an den Fensterscheiben verschmiert, so hoch wir kamen.
Großmutter hat, so gut es ging, die Creme wieder in die Dose verfrachtet, denn es war schon eine Kostbarkeit, so etwas kaufen zu können.

Beim nächsten Einsatz in der Töpferei fragte sie Frau Heide, ob wir bei ihr bleiben könnten. Die sagte das gerne zu. Und als Großmutter zurückkam, hörte sie, dass wir so artig im Wohnzimmer gespielt hätten, sie habe gar nicht nach uns geschaut. Großmutters sofortige Vermutung, das könnte ein schlechtes Zeichen sein, bestätigte sich: Wir hatten sämtliche Blumentöpfe vom Fensterbrett auf die Teppiche ausgeleert und einen so schönen Garten angelegt, wie Herr Heide ihn an seinem Bahnwärterhäuschen hatte.
Ich glaube, von diesem Zeitpunkt an musste sich die Töpferei Padding eine neue Glasiererin suchen.

In dem Sommer geschah es auch, dass ich Großmutter auf der Bleiche zuschaute. Ich saß im Gras, fühlte die Kühle der Erde unter mir und beobachtete, wie die kleine Frau die Wäschestücke auf der Wiese ausbreitete. Große Laken, Handtücher, Unterwäsche, unsere Kleider, alles was weiß war, wurde dort ausgebreitet, damit die Sonne es noch weißer machen sollte. Schließlich drehte sie den leeren Korb um und ging ins Haus.
Heides hatten ein bisschen „Viehzeug", unter anderem Enten, und die kamen jetzt angewatschelt. Immer näher kamen sie all den ausgebreiteten Wäschestücken, machten nicht Halt davor, sondern liefen mit breiten Entenfüßen über das frisch Gewaschene. Ganz schöne Muster malten sie so auf die Wäsche, und ich machte es ihnen sogleich

nach. Mit fröhlichem Hüpfen malte auch ich Fußabdruck neben Fußabdruck, dass das Federvieh nach allen Seiten auseinanderstob.
Bis Großmutter kam!
„Wirscht du wohl glei aufhören!“, schimpfte sie, „über Wäsche wird nicht gelaufen.“ Sie sammelte alles wieder in den Korb, um es erneut zu spülen.
Danach kam sie wieder und begann die Arbeit von Neuem.
Als sie fertig war, drehte sie wieder den Korb um und sagte zu mir: „Das machst du nicht noch einmal! Über Wäsche wird nicht gelaufen!“
„Und die Gänse?“, fragte ich.
„Du wirst sie vertreiben, wenn sie kommen!“
Als die Gänse und Enten kamen, wollte ich sie wirklich vertreiben, aber es sah zu lustig aus, wie sie noch einmal all die Muster auf die Wäsche zauberten. Und ich musste auch wieder mitmachen. Mit frisch bematschten Füßen sprang ich jauchzend hin und her.
Plötzlich fühlte ich mich hochgehoben. Großmutter legte mich übers Knie und versohlte mir den Po.
Ich wusste gar nicht, was mir geschah. So schnell konnte ich gar nicht aufhören, mich zu freuen.
„Ich hatte es dir gesagt: Über Wäsche wird nicht gelaufen!“
Als alles wieder gespült war und reinlich auf der Wiese lag, fragte ich: „Und wann kriegen die Gänse den Po versohlt?
„Gar nicht,“, sagte Großmutter, „denn die haben nur einen

Gänseverstand. Aber du, du hast einen Menschenverstand!“ Ich weiß noch gut, dass ich das sehr ungerecht fand.

Es waren inmitten des Krieges glückliche Zeiten, die wir dort in der Laubaner Straße 17 verbrachten.

Als unsere Eltern kamen, um uns abzuholen, hatten wir beide Diphterie. Ich kam ins Krankenhaus. Das war sehr schrecklich, denn alles, was man heute über den Krankenhausaufenthalt von Kindern weiß, war damals noch völlig unbekannt. Es wurde mir nichts erklärt, ich wurde einfach vom Arm meiner Mutter genommen und zu zwei Frauen, die dieselbe Krankheit hatten, ins Zimmer gelegt. Mutter erzählte, dass ich einige Tage bewusstlos war, aber insgesamt musste ich vier schreckliche Wochen im Krankenhaus bleiben. Ich bekam keinerlei Besuch, Großmutter durfte mich nur durch einen Türspalt sehen und sollte vermeiden, dass ich sie sah.

Das Krankenzimmer mit den zwei Frauen sehe ich deutlich vor mir, sonst weiß ich nicht viel aus dieser Zeit. Aber ich erinnere mich genau, dass ich viel darüber nachdachte, ob die Eltern mich dorthin gebracht hatten, weil ich nicht immer artig war.

In Berlin erwarteten uns wieder die Bombennächte, auch tagsüber waren jetzt häufig Luftangriffe.

Dennoch habe ich die Jahre in Berlin in ruhiger und friedlicher Erinnerung.

Wir brauchten nicht mehr in den Hort zu gehen und rückblickend spüre ich eine große Geborgenheit. Mutter sang und spielte mit uns, wir waren in einem Turnverein, gingen an einen der zahlreichen Seen zum Baden.

Für die Erwachsenen aber war das Leben schwer zu bewältigen. Mein Vater zum Beispiel wollte täglich Fleisch essen, Mutter aber war schon froh, wenn es überhaupt etwas zu kaufen gab, woraus sie eine Mahlzeit für uns kochen konnte.

Als wir vier und fünf Jahre alt waren, bekam meine Schwester zu Weihnachten ein Fahrrad und ich einen Roller. Es war ein blauer Roller und Mutter betonte zeitlebens besonders, dass er Vollgummireifen hatte. Ich habe ihn auch sehr gerne gehabt und wir haben stundenlang draußen gespielt. Aber ich wollte auch Fahrrad fahren! Mutter erklärte sorgfältig den Altersunterschied zu meiner Schwester, sagte, wenn ich auch fünf Jahre alt sei, würde ich das Fahrradfahren schon lernen. Ich aber wollte nicht warten.
Wieder einmal war mein Vater auf meiner Seite: Er montierte Klötzchen auf die Pedalen, sodass ich sie im Sitzen erreichte, rannte ein paarmal mit mir auf dem Rädchen über Herschel-, Fabricius- und Brahestraße, dann konnte ichs!

Mit mir wuchs meine Neugierde. Alles wollte ich wissen und fragte und fragte. Mutter war das oft lästig, häufig bekam ich

zur Antwort: „Wozu willst du das denn wissen? Das ist dir zu nichts nütze!"
Ein ganz beliebtes Fragespiel war, zu erfahren, wie alles um mich herum zu seinem Namen gekommen war. Das begann damit, dass ich fragte, warum ich Christl heiße. Diese Antwort fiel Mutter leicht. „Na ja,", sagte sie, „weil du eben so kurz vor dem Heiligen Abend geboren bist und fast noch ein Christkind geworden wärest, darum haben wir dich Christl genannt."
„Und woher kommt Charlottenburg?", wollte ich als nächstes wissen.
Ach ja, auch das war schnell erklärt: „Na, da wird es mal einen Kaiser gegeben haben, der hatte eine Tochter, die hieß Charlotte. Und weil der Kaiser sie sehr lieb hatte, hat er erst das Schloss und schließlich das ganze Viertel nach ihr benannt."
Auch das leuchtete mir ein.
Die nächste Frage wurde zu meinem Markenzeichen in der gesamten Verwandtschaft: „Und was ist Herschel?"
Niemand wusste es! Und was noch schlimmer war: Es schien auch niemanden zu interessieren!
Ich aber wollte nicht in einer Straße wohnen, von der ich nicht wusste, wie sie zu ihrem Namen gekommen war.
Ich fragte alle Menschen, die zu uns kamen. Wenn es läutete, rannte ich zur Tür und fragte den, der geläutet hatte: „Weißt du, was Herschel ist?" Nein, niemand wusste es.

Ich wusste genau, man könnte es irgendwo nachlesen. Alle Erwachsenen konnten lesen, aber es interessierte sie nicht, was Herschel ist.
Ich erfuhr es, als ich endlich lesen konnte und in einem einbändigen Lexikon meiner Großmutter das Gesuchte fand. Es war ein mühseliges Unterfangen, das ich mir dort vorgenommen hatte, denn von Ordnungen in Lexika wusste ich noch nichts. Aber ich fand, was ich suchte: Wilhelm Herschel war Astronom.
Ich wusste nun zwar nicht, was ein Astronom ist, aber ich war zufrieden, zu wissen, dass „Herschel" nicht was, sondern wer ist.
Immer, wenn ich etwas fragte, was niemand beantworten konnte und was auch niemand wissen wollte, ging ein Seufzer durch die Verwandtschaft: „Und was ist Herschel?"

Die Flucht

Das Leben in Berlin wurde immer schwieriger.
Immer heftiger tobte der Krieg über der Stadt, Tag und Nacht gab es Luftangriffe. Es kam der Zeitpunkt, an dem Mutter beschloss, mit uns Kindern ganz nach Schlesien in ihre Heimat zu ziehen. Das geschah gegen Ende des Jahres 1942.
Dort normalisierte sich unser Leben. Meine Schwester besuchte den Kindergarten, Mutter versuchte, mit Nähen unseren Lebensunterhalt zu sichern, und Großmutter arbeitete noch immer ab und an in der Töpferei.
Wir Kinder spielten draußen, wann immer es möglich war, besuchten wir Herrn Heide im Bahnwärterhäuschen, fuhren Schlitten auf dem kleinen Berg neben Heides Haus. Abends ging ich zu Frau Heide in den Stall. Dort standen zwei Ziegen, die gemolken wurden, dabei schaute ich gerne zu. Und meist bekam ich in einer großen Tasse etwas von der frischen Milch zu trinken.
Der Frühling kam, und für die Einschulung meiner Schwester wurden Vorbereitungen getroffen. Ich beneidete sie sehr; so gerne wollte ich lesen können.
Ein Jahr später durfte auch ich mit Schulmappe und -tüte den Weg in die Schule gehen.
Im Herbst fand Mutter eine größere Wohnung, wir zogen um, hatten nun mehr Platz als in Großmutters einziger Stube.

Das Weihnachtsfest kam, wir bekamen Puppenwagen, die unser Vater für uns gebaut hatte.
Es war ein friedliches Leben, das wir dort führten. Der Krieg schien weit weg zu sein; ich kann mich nicht erinnern, dass wir in Naumburg jemals im Luftschutzkeller waren.
Im Februar 1945 holte er uns ein, der Krieg. Die Frauen werden es schon früher gewusst haben, für uns Kinder war die schöne Zeit an einem Sonntag im Februar zu Ende.
Der Samstag verlief normal. Der Sonntag wurde vorbereitet. Am Abend wurden wir gebadet, die Sonntagskleider, die saubere Wäsche, alles wurde bereitgelegt für den bevorstehenden Sonntag. Sicherlich gab es am Abend Brot und Milch oder Tee.
Es war der 11. Februar 1945.
Es lag sehr viel Schnee, und die klirrende Kälte hatte die Fensterscheiben der äußeren Fenster bis oben hin mit Eisblumen bedeckt.
Obwohl das Leben ganz alltäglich abzulaufen schien, bemerkte ich bei unserer Mutter und auch bei unserer Großmutter eine nervöse Angespanntheit.
Am Sonntag wurden wir frühzeitig geweckt.
Der älteste Bruder unserer Mutter, unser Onkel Martin, war in Görlitz mit Tante Lenchen verheiratet, die dort eine Bäckerei hatte. Er selbst war im Krieg, der Laden und die Backstube wurden von seiner Frau weitergeführt.
In der Backstube hatte unsere Tante einen Gesellen, der mit

einem der Hausmädchen verlobt war. Diese Beiden waren am Sonntagmorgen bei uns. Sie waren mit Fahrrädern aus Görlitz gekommen, wollten so schnell wie möglich dorthin zurückfahren und sollten uns Kinder mitnehmen.
Warum das alles?
Die Russen kommen – das war die ganze Erklärung.
Unsere Schulmappen standen, gepackt wie Soldatenrucksäcke, bereit.
Schulsachen waren nicht darin, Kleidung, Wäsche, vielleicht ein Spielzeug. Obenauf war eine Wolldecke geschnallt, die den Eindruck eines Soldatenrucksacks verstärkte.
Ich erinnere mich, dass die beiden jungen Leute mit Mutter und Großmutter über Silberbesteck sprachen, ob sie es jedoch zur Verwahrung nach Naumburg gebracht hatten, oder ob es dort schon lagerte und nun nach Görlitz zurückgeholt werden sollte, das weiß ich nicht mehr.
Wie immer in sehr schwierigen Situationen nahm unsere Mutter uns auf den Schoß. Sie erklärte uns, dass die Russen kämen, das Grollen in der Ferne sei schon der nahende Kanonendonner.
Deshalb müssten wir Naumburg schnellstmöglich verlassen. Der Geselle und seine Verlobte würden uns auf ihren Fahrrädern mitnehmen, denn der Weg nach Görlitz sei für uns zu weit zum Laufen. Die beiden Frauen würden Notwendiges für die Flucht auf den Leiterwagen packen und zu Fuß nachkommen. Spätestens am Montag würden auch sie in Görlitz

sein. Bis dahin sollten wir artig und tapfer sein.
Nach dem Frühstück wurden wir sehr dick angezogen, mehrere Schichten Kleidung und Wäsche übereinander. Dazu den Wintermantel, Mütze, Schal und Muff, schließlich setzten wir die Schulmappe auf, Mutter und Großmutter umarmten uns, dann ging es los. Es war der 12. Februar 1945. Meine Schwester war sieben Jahre alt, ich war sechs.
Wir gingen vorbei an der Töpferei, in der Großmutter gearbeitet hatte, an unserer Schule, an der Kirche, in dem sie nach dem Tod ihres Mannes den Küsterdienst verrichtete.
Auf der Straße waren wir sonntags zuweilen zu Verwandten gegangen, Großmutters Schwester und deren Familie. Lieder hatten die Frauen mit uns gesungen, oder Geschichten von früher erzählt, damit der Weg nicht so lang erschien.
Heute sang niemand, und niemand erzählte Geschichten.
Es war, als seien sämtliche Bewohner Naumburgs und seiner Umgebung gleichzeitig aufgebrochen, ein schier endloser Zug von Menschen drängte sich über die Straße.
Und obwohl es so viele waren, war außer dem Schlurfen der Füße, dem Geräusch der Räder von Fuhrwerken und Leiterwagen beinahe nichts zu hören. Zuweilen weinte ein Kind, das wurde rasch in Tüchern und Decken geborgen – Stille, Stille, kein Geräusch gemacht. Wir, meine Schwester und ich, saßen auf den Gepäckträgern der Räder, die Schulmappen auf dem Rücken. Schwer waren sie mit all den fremdartigen Sachen darin. Die eisige Kälte ließ die Feuchtigkeit

unseres Atems auf den Kragen gefrieren.
Die jungen Leute schoben die Räder, an Fahren war nicht zu denken. Es war ein klarer, heller Wintertag, an dem eine strahlende Sonne vom Himmel schien. Immer wieder mussten wir absteigen, um nicht zu erfrieren. Dann liefen wir, uns an den Händen haltend, zwischen den Rädern einher. Zuerst waren die Füße so kalt, dass wir sie nicht spürten, aber nach einer Weile erwärmten sie sich. Wir sprachen nicht.
Von Naumburg bis Görlitz sind es 35 Kilometer. Am Abend waren wir bei unserer Tante Lenchen angekommen.
Unsere Tante Lenchen war eine hagere Frau, die sich äußerst raubeinig gab. Die Erwachsenen sagten von ihr, sie sei ordinär. Ich wusste nicht, was dieses Wort bedeutete, spürte jedoch, dass es eine Eigenschaft war, die man besser nicht hatte. Sie hatte einen leichten Berliner Slang in ihrer Sprache und einen Sohn aus erster Ehe, Günter. Er war viel älter als ich und er interessierte mich nicht.
Tante Lenchens erster Mann war Bäckermeister wie mein Onkel Martin; sie waren befreundet. Als beide in den Krieg mussten, bat der Freund meinen Onkel, sich, falls er aus dem Krieg nicht zurückkäme, um seine Frau und das Kind zu kümmern.
Er fiel tatsächlich gleich im ersten Kriegsjahr.
Mein Onkel und Tante Lenchen heirateten noch während des Krieges; ich glaube 1942. In meiner Erinnerung ist es

das erste große Fest in meinem Leben. Wir, meine Schwester und ich, durften beim Auszug aus der Kirche Blumen streuen. Wir hatten kleine Körbchen mit Blütenblättern darin, und unsere Mutter erzählte später gern, dass meine Schwester die zarten Blätter nicht streuen wollte, denn es lag Schnee und die Blumen taten ihr leid.

Später bei der Hochzeitsfeier habe ich, als Bäckerjunge verkleidet, ein sehr langes Gedicht aufgesagt. Ich hatte ein Schlüsselbund mit sehr vielen Schlüsseln daran, und zu jedem Schlüssel gehörte eine Strophe. So etwas übte meine Mutter gern mit mir ein. Das Gedicht habe ich vergessen, aber ich weiß noch, dass ich sehr gelobt wurde, ein so langes Gedicht vollkommen auswendig und ohne zu stocken aufgesagt zu haben.

Im Haus von Tante Lenchen und Onkel Martin war der Tisch immer reich gedeckt. Unsere Besuche dort waren selten, aber ich habe sie in sehr fröhlicher Erinnerung. Zudem verwöhnte uns die so raue Tante immer mal mit einer Hefeschnecke oder einem Stück Streuselkuchen aus dem Laden.

Wie herzensgut und menschenfreundlich zu jedermann unsere Tante Lenchen war, zeigt eine Geschichte, die meine Schwester erzählte: Als die Männer aus der Backstube sämtlichst im Krieg waren, wurde meiner Tante ein Kriegsgefangener zugeteilt, es war ein Pole. Diese Zwangsarbeiter sollten zwar Kost und Logis in dem Betrieb erhalten, in

dem sie arbeiteten, aber keinen Familienanschluss. So etwas aber gab es bei Tante Lenchen nicht, und so saß der Pole bei allen Mahlzeiten mit am Tisch.
Wenn jedoch Besuch kam, etwa „die Berliner“, das waren wir, dann wurde der Tisch in der Küche zu klein und es wurde in der Stube gedeckt. Das Fenster in der Stube war sehr niedrig und ging zur Straße. Von dort konnte jeder Vorübergehende in die Stube schauen. Dieser Umstand veranlasste unsere Tante jedoch keineswegs, den Polen vom Tisch zu verbannen. Es wurde ganz einfach die im Krieg obligatorische Verdunkelung am Fenster heruntergezogen, das Licht wurde eingeschaltet und die Mahlzeit verlief gewohnt vergnügt. Der Pole bedankte sich für diese Wohltaten, indem er das Haus und seine Bewohner vor Übergriffen jeglicher Art schützte.
Mir ist ein Satz in Erinnerung geblieben, der für Entsetzen sorgte. Wir saßen in großer Runde um den Tisch und aßen. Plötzlich sagte meine Tante: „Gebt den Kindern nicht so viel Eier, das macht sie bloß fickrig!“ Ich fühle noch genau die atemlose Stille, die danach eintrat. Die Männer grienten hinter vorgehaltener Hand, die Frauen bekamen rote Ohren, und ich dachte: Den Satz merk ich mir, der ist bestimmt ganz prima.
Ich liebte unsere Tante Lenchen sehr, aber ich glaube, ich war die einzige Verwandte, die ihr mit Zuneigung begegnete. Unser Onkel Martin war die Sanftmut in Person.

Er hatte das für Schlesier so typische Äußere: eine kleine, gedrungene Gestalt, einen runden, breiten Kopf mit fröhlichen Blauaugen. Wenn wir in Görlitz waren, verbrachten wir Kinder herrliche Stunden in der Backstube.

Das war ein großer Raum, in dessen Mitte ein gemauerter Ofen stand. Geheizt wurde mit Kohle, und niemals durfte das Feuer verlöschen.

Zwei, drei Kohlenschütten standen randvoll neben dem Feuerloch, mit geübtem Schwung kippten mein Onkel, sein Lehrling oder der Geselle den Inhalt in die Flammen.

Sie hatten kurzärmelige Hemden an, grauweiß karierte Hosen und darüber weiße Schürzen, die fast bis auf den Boden reichten. Auf dem Kopf ein weißes „Schiffchen".

Die Backstube lag im Keller. Hoch über meinem Kopf waren an einer Seite zwei oder drei Fenster, die nur wenig Licht spendeten, sodass den ganzen Tag die Lampen brannten.

An den Wänden waren die Backtische befestigt, lange Bretter auf hölzernen Beinen. An einer Wand befanden sich zwei Ausgüsse, Emaillebecken mit blauem Rand und fließendem Wasser, an denen sich die Bäcker fortwährend die Hände wuschen, jedenfalls ist mir das so in Erinnerung geblieben. Um den steinernen Backofen herum standen große Kübel und Kessel mit Holzlöffeln darin, in denen die Teigsorten angerührt wurden. Mehlsäcke und -tüten, größer als ich, standen unter den Backtischen: Alles Ding hatte seinen Platz und durfte nicht verändert werden.

Auf Brettern über den Backtischen, auf eingelassenen Eisenhaltern, ruhten die Brote und Brötchen, die Kuchen und Plätzchen zum Gehen. Dazu wurde ein Brett bemehlt, die bemehlten Hände rollten den fertigen Laib hin und her, auf das Brett damit, patsch, patsch, patsch, noch einmal in Form gebracht und hoch mit dem Brett.

Diesem allen zuzusehen, der Geschwindigkeit der Hände, der Präzision der Arbeitsgänge, dessen wurde ich nie müde.

Wie sie mit elegantem Schwung eine Handvoll Mehl auf die Arbeitsfläche warfen, oder einen Zentner Mehl in einen Kübel schütteten, wie aus Teigklumpen lange Rollen und daraus Brezeln wurden, wie in hundert Brötchen mit dem Rücken eines Messers zack, zack, zack, der Spalt geschnitten wurde, immer an der richtigen Stelle, niemals zu tief, niemals zu lang. Wie sie mit dem Brotschieber, der länger war als mein Onkel groß, die Brote aus den Backröhren holten und sie auf schmale Bretter gleiten ließen, mit Handfegern kaltes Wasser darüber spritzten, dass es zischte und dampfte.

Natürlich durften wir Kinder auch backen.

Zuerst mussten wir gründlich die Hände waschen, wozu eine Fußbank an den Ausguss gestellt wurde, damit wir überhaupt an das Wasser kamen.

Dann wurde eine Schürze umgebunden, eine richtige Bäckerschürze. Unter den Armen wurde der Stoff einmal aufgefaltet, die Bänder im Rücken fest gekreuzt und vor dem Bauch gebunden. Erst danach gab es ein Stück Teig.

Vom Brot über Brötchen zur Brezel, vom Tortenboden über Nikoläuse zu Osterhasen formten wir alles aus unserem Stück. Und weil es so gut schmeckte, wurde es kleiner und kleiner.
Manchmal steckte uns der Lehrling ein neues Stück zu, dann begann alles von vorn.
Schließlich fragte mein Onkel: „Nu, seid ihr färtich? Dann wern mers backen!“, und ganz vorsichtig legte er unsere Kunstwerke auf den Ofenschieber, so, als seien es die kostbarsten Hochzeitstorten, und nicht schmuddelige Krüppelchen. Wir schauten auf die Uhr, bis die Zeiger da und da waren, danach holte er unsere Backwaren heraus, sie dufteten wie richtige Brote.

Von all dem war bei unserer Ankunft an jenem Sonntagabend nichts zu spüren. Das Haus war voller Menschen, manche kannten wir, andere waren uns fremd. Als es Zeit wurde, zu Bett zu gehen, brachte Tante Lenchen uns mit einigen Frauen ins Schlafzimmer und ordnete an, dass wir alle in den Ehebetten schlafen würden, aber nicht längs, wie üblich, sondern quer, weil dadurch mehr Menschen Platz fänden. Wir bekamen unsere Wolldecken von der Schulmappe, legten uns nebeneinander, da sagte unsere Tante: „Ne, ne, so wird das nischte. Wenn ihr Zwei zusammenliegt, macht ihr bloß Dummheiten“, und legte eine fremde Frau zwischen uns. Ich war schon einmal im Krankenhaus gewesen, aber sonst waren wir noch niemals ohne einen uns vertrauten Erwachsenen in der Fremde gewesen. Mich überfiel eine Angst, eine Einsamkeit, nun auch noch ohne meine Schwester sein zu müssen, ich begann zu weinen. Meine Schwester versuchte die Tante zu überzeugen, dass wir ganz artig liegen und schlafen würden, sie aber blieb bei ihrer Regelung. Ich schrie in meiner Not und Einsamkeit, und als meine liebe Tante Lenchen gegangen war, hob die fremde Frau meine Schwester über sich hinweg an meine Seite, wir schlossen uns in die Arme und schliefen ein.

Am Montag kamen Mutter und Großmutter in Görlitz an. Sie waren den weiten Weg gelaufen und hatten den Leiterwagen mit ein paar Habseligkeiten gezogen. Die Nacht hatten sie in einer Scheune verbracht, mit vielen anderen Menschen. Am Morgen war die Landstraße spiegelglatt, und als die Frauen losgehen wollten, stürzte unsere Mutter.

Hinten auf den Wagen hatte Mutter die Lieblingspuppe meiner Schwester gepackt, die sie zu Weihnachten bekommen hatte, ein Pferdefuhrwerk hatte ihr den Kopf zerdrückt.

Die Frauen brachten schlimme Nachrichten mit. Der Bahnhof von Görlitz sei vermint und solle in die Luft gesprengt werden.

Und: Dresden sei in der Nacht bombadiert worden. Es sei völlig zerstört und es habe zigtausende Tote gegeben.

Es war der 13. Februar 1945.

Die Idee, nach Görlitz zu flüchten, hatte unsere Mutter ge-

habt, weil es die Hoffnung gab, dass von dort noch Züge in den Süden führen. Tatsächlich erinnere ich mich, dass wir mehrmals mit Sack und Pack zum Bahnhof eilten, dort jedoch lediglich die Auskunft bekamen: Heute kein Zug.
So blieben wir etwa zehn bis vierzehn Tage im Hause unserer Tante.
Es war voller Menschen, und fast täglich kamen neue dazu. Unsere Tante Grete etwa, die Frau des zweitältesten Sohnes unserer Großmutter. Sie kam mit ihrer Tochter Christa, die damals 12 Jahre alt war und wunderschöne lange, dicke Zöpfe hatte, die ich sehr bewunderte.

Obwohl so viele Menschen beieinander waren, herrschte eine angespannte Stille. Unsere Großmutter sehe ich stets beschäftigt in der Küche: Bei der Vorbereitung des Essens, beim Abwasch, beim Saubermachen. Und ich sehe sie weinen. Sie war 62 Jahre alt. Sieben Kinder hatte sie geboren, das erste mit gerade eben neunzehn Jahren, einen Jungen, der kurz nach der Geburt starb. Auch das dritte Kind, eine Tochter, starb im Säuglingsalter. Fünf Kinder zogen sie auf, vier davon in der Zeit des Ersten Weltkrieges, sie und ihr Mann, der Töpfer war.
Während des Krieges, als ihr Mann an der Front war, brachte sie die Familie durch, indem sie im Predigerseminar in Naumburg Wäsche wusch und bügelte. Die Wäsche wurde im Fluss gespült, die Bügeleisen wurden mit glühenden Koh-

len gefüllt und auf dem Herd warm gehalten.
Später nähte sie Kragen für die „Herren Kandidaten“, noch später „Vatermörder“, die hohen steifen Kragen, die die Männer trugen.
Als der Mann 1918 aus dem Krieg nach Hause kam, wurde bald danach das jüngste Kind geboren, der Sohn Richard, der nach Angaben aller Geschwister ein besonders hübsches und intelligentes Kind war. Eine Nachbarin, die unsere Großmutter nach der Geburt besuchte und hörte, dass das Kind ein Junge sei, sagte, sie solle es im ersten Badewasser ertränken, es werde ohnehin nur Kanonenfutter. Sie hatte ihren Mann und zwei Söhne im Krieg verloren.
Natürlich haben sie den Jungen nicht ertränkt. Als er sieben Jahre alt war, starb der Vater am Herzschlag, nach einer Blinddarmoperation.
Nun war wieder Krieg.
Alle Söhne unserer Großmutter waren an der Front. Von dem Ältesten, dem Bäcker, kamen verhältnismäßig häufig Nachrichten. Der Zweite, unser Onkel Paul, der Vater unserer Cousine Christa, war vermisst; er kam niemals wieder, aber das wussten wir damals noch nicht.
Der dritte Sohn, unser Onkel Alfred, mein Taufpate, lag schwer verletzt mit zerschossenem Gesicht und blind in einem Lazarett, ich glaube in Bunzlau.
Und der Jüngste? Als Siebzehnjähriger wurde er gegen Ende des Krieges noch eingezogen und fiel sofort – Kanonenfutter.

All das im seelischen Gepäck musste unsere Großmutter nun auch noch flüchten. Das erste Mal mit 62 Jahren verließ sie ihre schlesische Heimat, und wusste nicht einmal, wohin die Reise gehen würde.

Tag und Nacht gab es schreckliche Fliegerangriffe. Mehrmals mussten wir Görlitz verlassen, weil die Gefahr der Bombardierung zu groß war. Wir fanden jeweils Unterschlupf in einem Vorort von Görlitz, und zwar bei der Mutter der jungen Frau, die uns Kinder mit ihrem Verlobten aus Naumburg abgeholt hatte. Ich erinnere nicht, was wir Kinder während dieser Zeit machten, aber ich weiß, dass ich an all den Tagen wieder und wieder nachschaute, wo meine Mutter, meine Schwester und natürlich auch Großmutter waren. Wenn ich sie gefunden hatte, wich dieses unbestimmte Gefühl aus meinem Herzen.

Dann endlich stimmte die Nachricht, dass ein Zug in den Süden fahren würde.

Wieder gingen wir mit den wenigen Sachen, die uns geblieben waren, zum Bahnhof, der von der Bäckerei nicht weit entfernt war. Wir stiegen ein.

Das hört sich ganz einfach an, jeder ist schon mal in einen Zug eingestiegen. Dieses Einsteigen war anders. Wir waren eine Gruppe von elf Personen, auch Tante Lenchen und ihr Sohn Günter verließen Görlitz. Es gab Mengen von Gepäck, Leiterwagen, Koffer, Rucksäcke, Taschen, Schulmappen, Körbe, alle Behältnisse, in denen etwas verstaut werden

konnte, waren gefüllt worden. War es doch alles, was uns von unserem Besitz geblieben war.
Die Frauen schichteten das Gepäck vor den Fenstern auf, um uns vor den Tieffliegern zu schützen.
Dann kam der Fliegeralarm.
Durch den Lautsprecher wurden die Reisenden aufgefordert, den Zug zu verlassen und sich in den Unterführungen aufzuhalten.
Die Reisenden – welch ein Hohn! Der Zug war nicht einen Meter gefahren, ja, es hatten noch nicht einmal alle Menschen, die sich mit ihrem Gepäck auf dem Bahnsteig befanden, im Zug Platz gefunden.
In der Unterführung herrschte dichtes Gedränge. Man hockte am Boden. Mutter hielt uns ganz dicht bei sich. Großmutter war im Zug geblieben, wegen der Sachen, wie sie sagte. Aber ich denke, sie hatte keine Angst mehr um ihr Leben.
Ich weiß nicht, wie oft wir den Zug verlassen haben, um vor den immer wiederkehrenden Tieffliegern Schutz zu suchen.
Aber endlich, nach einer Entwarnung, setzte sich der Zug in Bewegung. Er fuhr so langsam, dass es zuerst gar nicht bemerkt wurde.
Als der Zug die Bahnhofshalle verlassen hatte, kamen die Tiefflieger.
Die Frauen hatten uns Kinder auf eine der Bänke gesetzt. Als nun aber die Flugzeuge so nah an den Zugfenstern vor-

bei flogen, dass wir sie hätten sehen können, wären nicht die Fenster mit dem Gepäck verrammelt gewesen, mussten wir uns unter die Bänke legen, und die Frauen, um uns zu schützen, nahmen auf den Bänken Platz.

Ich weiß, dass ich im Gepäcknetz lag, wenn Schlafenszeit war.

Ich habe immer geglaubt, wir seien zwei Monate unterwegs gewesen in diesem Zug. Aber meine Schwester sagt, es seien zwei Wochen gewesen. Auf meinen Einwand, dass das nicht sein könne, es sei so schrecklich lange gewesen in diesem Zug, der fuhr und hielt, der beschossen wurde und „friedlich" dahindampfte, der geheizt wurde und bitterkalt war, in dem Menschen weinten und verzweifelten und getröstet oder barsch angefahren wurden, nein, das waren nicht nur zwei Wochen, darauf sagte sie: „Ja, du hast Recht, es war schrecklich lange in diesem Zug. Aber es waren nur zwei Wochen."

Ein Dach über dem Kopf

Angekommen waren wir nach dieser Reise in Bayern, in Landau an der Isar, Leitenberg 174.
Als meine Schwester ein paar Monate alt war, hatten unsere Eltern mit ihr schon einmal in Landau gewohnt. Wenn unser Vater eine Arbeit bekommen hatte, die weit von Berlin entfernt war, und die zudem mehrere Monate dauerte, suchte er für seine Familie vor Ort ein Zimmer, und unsere Mutter reiste mit uns dorthin. Dieser Aufenthalt dort in Bayern war der erste dieser Art und fand noch ohne mich statt. Die Eltern hatten mit ihrem kleinen Mädchen bei einer Familie Zauner gewohnt. Dort hoffte unsere Mutter nun sieben Jahre später Unterschlupf zu finden. Durch Kollegen meines Vaters, auch durch eigene Kontakte, hatte sie damals einige Bekannte gefunden, die sie jetzt aufsuchte und für uns und alle, die bei uns waren, um Unterkunft bat.
Es war eine Zeit großer Not. Die Flüchtlinge aus dem Osten strömten in den Süden. Ganze Kindertransporte wurden dorthin gebracht, weil der Süden als sicher galt. Es gelang unserer Mutter tatsächlich, alle Frauen und Kinder unterzubringen. Wir selbst fanden, wie unsere Mutter es erhofft hatte, bei Familie Zauner ein Dach über dem Kopf.
Als wir ankamen, bekamen wir zuerst etwas zu essen. Wir saßen an einem Tisch in der Küche, und viele Jungen saßen um uns herum und bestaunten uns. Danach wurde eine Dachstube für uns hergerichtet, in der wir für 18 Monate

eine Bleibe finden sollten.
Frau Zauner war inzwischen verwitwet; ihr Mann war an Tuberkulose gestorben. All die Jungen, ich glaube es waren fünf, waren ihre Kinder. Ihre Tochter Juliane war ihr ältestes Kind.

Das Jahr 1945 war mein siebtes Lebensjahr, und dennoch weiß ich aus den ersten Monaten nach unserer Flucht kaum etwas. Es ist, als sei der Kopf, und vielleicht auch das Herz, mit all dem Erlebten so voll gewesen, dass erst einmal nichts Neues aufgenommen werden konnte.
Die Stube, die uns zur Verfügung gestellt wurde, war kärglich, aber wir waren für uns. Der Raum war etwa 20 Quadratmeter groß. Zwei Betten standen darin, zwischen den beiden Fenstern, der Tür gegenüber, stand ein Sofa, davor ein Tisch mit drei Stühlen. Sicher gab es auch einen Schrank oder ein Regal, ich erinnere mich nicht, aber einen Kanonenofen. Oder war es ein Herd? Jedenfalls konnte darauf gekocht und damit geheizt werden. Ob wir dort oben unter dem Dach fließendes Wasser hatten, weiß ich nicht, das Plumpsklo war auf dem Hof. Im Hof befand sich auch eine Waschküche mit großen Wannen, in denen wir abends gewaschen oder gebadet wurden.
Das Schlafen war schwierig. Jede Frau schlief zusammen mit einem Kind. Da ich jedoch ein sehr unruhiger Schläfer war, gab es für die jeweilige Bettgefährtin eine unruhige Nacht.

Es wurde beschlossen, dass die Frauen immer im selben Bett schliefen, wir Kinder aber wochenweise wechselten.
Wenn es regnete, wurden überall Schüsseln und Töpfe und andere Auffanggeräte aufgestellt: Es regnete hinein.
Um den Ofen heizen zu können, sammelten wir Holz. Dazu brauchte man einen Leseschein, der auf Verlangen im Wald vorgezeigt werden musste.
Ich sehe bei diesen Sammelaktionen stets meine Großmutter bei uns. Wir legten das Holz, das nicht so leicht zu finden war, weil ja viele Menschen zu diesem Zweck unterwegs waren, an einer Stelle zusammen.
Wenn genug beieinander war, schnürte Großmutter mit Lederriemen drei Bündel, ein großes für sich und zwei kleinere für uns. Auf dem Rücken trugen wir die Bündel nach Hause. Wir sammelten auch Brombeeren und Himbeeren und ihre Blätter, die Blüten von Himmelschlüssel, Leberblümchen und Kamille, auch Lindenblüten. All das wurde zu Hause getrocknet und es wurde daraus Tee gekocht.
Wir hungerten sehr. Es gab ein rotes Mehl, aus dem Großmutter eine Suppe kochte, nur mit Wasser, ohne Salz, ohne Fett, einfach nur Wasser und Mehl.

Frühling und Sommer zogen ins Land, wir Kinder hatten gelernt, die schwierige Sprache der bayrischen Kinder zu verstehen und auch zu sprechen. Wir spielten gemeinsam auf der Straße. Es war die Zeit der Care-Pakete. Die wurden

an die Einheimischen verteilt, wir Flüchtlinge haben niemals eines bekommen.
Da kam es an einem sonnigen Sommertag zu einer kleinen Begebenheit.
Eines der Kinder kam mit Brausetütchen auf die Straße und verteilte sie, wir bekamen keins. Die Kinder schütteten sich die Brause in die Hand und flanierten schleckend die Straße auf und ab. Natürlich lief uns bei solch einem Anblick das Wasser im Mund zusammen.
Da ging meine Schwester, die ein sanftes und freundliches Kind war, zu einem kleinen Sandhaufen, der vor einem Haus wohl vom Bauen liegen geblieben war, nahm ein wenig davon und flanierte nun ihrerseits mit den Kindern. Dabei warf sie den Sand in die Luft und fing ihn wieder auf. Gerade, als sie bei einem der schleckenden Mädchen vorbei kam, lenkte sie den Sand geschickt in dessen Richtung, das Vorhaben gelang – der Sand fiel in die geöffnete Hand, die Brause war ungenießbar.

Als wir ins Haus gerufen wurden, wurde offenbar, dass die Geschichte nicht unbemerkt geblieben war. Wir wurden streng erzogen, und solche Gemeinheiten blieben nicht ungesühnt.
Diesmal aber war es anders. Mutter erzählte uns die Geschichte so, als habe sie sie bei anderen Kindern beobachtet. „Stellt euch mal vor, was ich gesehen habe. Da spielten

ein paar Kinder zusammen auf der Straße, einige davon hatten Brause, andere nicht ..."
Meine Schwester schämte sich sehr.
Mutter sagte zu uns: „Auch wenn man noch so sehr Lust hat auf das, was andere haben, so etwas tut man nicht!"

Wir Kinder hatten gelernt: Wir gehören nicht dazu.
Dass wir in den Augen der Einheimischen anders waren, bekamen wir auch an anderen Stellen zu spüren. Wenn Mutter uns in der Waschküche wusch oder badete, wurde das so ausgelegt, dass die Flüchtlinge so schmutzig seien, dass sie sich alle Tage waschen müssten.
Als wir Läuse bekamen, von denen in dieser Zeit kaum ein Mensch verschont blieb, wurde gesagt, die Flüchtlinge hätten nun auch noch die Läuse eingeschleppt.
Wir waren schon einige Monate in Bayern und konnten noch immer nicht zur Schule gehen. Der Mann einer uns bekannten Lehrerfamilie war aus dem Krieg entlassen worden, hatte aber noch keine Arbeitsstelle und unterrichtete seine Kinder zu Hause. Dort durften wir dazukommen. Wir saßen im Wohnzimmer der Familie. Ich war die Jüngste in dieser Gruppe. Es war sehr schwer für mich, hatte ich doch nur wenige Monate vor unserer Flucht in die Schule gehen können. Aber ich war sehr gern dort, denn es gab viele Bücher zum Lesen.
Es mag Sommer gewesen sein, als der normale Unterricht wieder begann. Meine Lehrerin war eine Nonne, Mater

Conzarga. Sie konnte mich wohl schon deshalb nicht leiden, weil ich evangelisch war und des Hochdeutschen mächtig, was den kleinen Bayernbuben und -mädchen so ungemein schwer fiel.

Zu diesem Zeitpunkt konnte ich schon sehr gut lesen.

Mutter erzählte oft, dass ich während unserer Flucht aus dem Zug im Vorüberfahren die Bahnhofsschilder gelesen hätte, was die Menschen in Erstaunen versetzte. Rechnen konnte ich weniger gut.

Wenn wir nun in der Klasse laut lesen sollten, ging das bei den meisten Kindern sehr langsam. Ich aber wollte wissen, wie die Geschichte ausgehen würde und las still weiter. Wenn die Mater mich dann drannahm, wusste ich nicht, an welcher Stelle das Kind vor mir aufgehört hatte zu lesen. So stammelte ich ein paar Wörter aus dieser und der nächsten Zeile und schwupp, kam das nächste Kind dran und die Mater sagte, ich könne nicht lesen.

Um das zu üben, befahl sie mir, mich mit einem Buch, das sie mir gab, in die letzte Bank zu setzen und lesen zu üben. Das war der Himmel auf Erden! Lesen in einem richtigen Buch, das ich noch nicht kannte – unbeschreiblich!

Mater Conzarga vergaß mich regelmäßig dort in der letzten Bank, ich vergaß Zeit und Stunde, und meist schickte sie mich erst nach Hause, wenn sie die Klassentüre abschließen wollte.

Diese langen Schultage fielen irgendwann meiner Mutter auf

und sie fragte, warum ich so spät nach Hause käme.
„Ich durfte nachsitzen."
„Nachsitzen? Was hast du denn gemacht?"
„Nichts. Ich kann nicht lesen und darf es hinten in der letzten Bank üben."
Leider bedeutete dieses ehrliche Bekenntnis das Ende der herrlichen Übungsstunden. Mutter begleitete mich zu Mater Conzarga, klärte, was zu klären war, ich durfte auf der Stelle aus einem der geliebten Leihbücher vorlesen, und aus war's.
Eine andere Geschichte aus dieser Zeit ist mir ebenfalls in lebhafter Erinnerung. Die Mater sagte, alle Kinder sollten am nächsten Tag Wolle und Stricknadeln mitbringen, wir würden das Stricken lernen.
Ich habe mich in späteren Jahren oft gefragt, wo Großmutter das hergenommen hat, Wolle und Stricknadeln. Wir hatten nichts außer dem, was wir hatten tragen können, und da war so etwas Unnützes bestimmt nicht dabei. Aber es gab Wolle und Stricknadeln für mich.
Nun wollte ich aber anderntags nicht in die Schule gehen, um das Stricken zu lernen, ich wollte es schon können.
„Zeig mir, wie man strickt", bettelte ich.
„Dummes Zeug", sagte Großmutter, „du wirst es morgen in der Schule lernen. Dafür gehst du ja hin."
Ich gab keine Ruhe, und endlich setzte sie sich mit mir hin, schlug ein paar Maschen an, strickte einige Reihen: „... damit du was in der Hand hast!", nahm mich zwischen ihre

Knie und lehrte mich stricken. Ganz stolz zeigte ich es meiner Mutter, als sie von der Arbeit kam.
Am nächsten Morgen wollte ich vor der Schule noch ein, zwei Reihen stricken, da wurde es offenbar: Ich konnte es nicht mehr.
Ich weinte und bettelte um eine Nachhilfestunde vor der Schule, aber diesmal war Großmutter streng und wollte nicht helfen.
Da setzte ich mich auf die Treppe, die Schulmappe auf dem Rücken, das Strickzeug in der Hand, und weigerte mich, in die Schule zu gehen. Schließlich kam sie doch, murmelte etwas von „Dickschädel“ und „Immer musste deinen Willen durchsetzen!“, nahm mich wie am Vortag zwischen ihre Knie, zeigte noch einmal wie man’s macht, und entließ mich mit einem: „Nu renn, sonst wirschte noch zu spät kommen!“

Dieser friedliche Alltag konnte nicht darüber hinwegtäuschen, dass noch immer Krieg war. Er holte uns ein mit aller Macht. Diesmal flohen wir vor den Amerikanern. Wir konnten gar nichts mitnehmen, rannten um unser Leben. Fanden irgendwo Unterschlupf. Ganz Landau war voller Amerikaner, auch das Haus Leitenberg 174. Die Belagerung dauerte nicht sehr lange. Aber was sich uns bot, als wir zurückkamen, war unvorstellbar! Vieles im Haus war verwüstet oder kaputt. Statt zur Toilette im Hof zu gehen, hatten sie ihre Notdurft in Töpfe und Schüsseln und Kannen verrichtet, es herrschte ein bestialischer Gestank. Alle weinten, die das sahen. Mich ängstigte zudem sehr ein Wort, das die Frauen flüsternd gebrauchten: Vergewaltigen. Ich wusste nicht, was es bedeutete, jedoch wurde deutlich, dass es etwas Schreckliches war, dass es nur Frauen anging, und dass es die Frauen in Angst versetzte.

Mutter und Großmutter ist es nicht zugefügt worden, dieses Schreckliche. Wie groß die Angst vor denen war, die dazu im Stande waren, erlebte ich an einem Sonntag.

Wir waren zurückgekehrt ins Haus Leitenberg 174. Es war ein warmer Tag, am Morgen hatten wir den Gottesdienst besucht, nachmittags gingen wir spazieren. Wir Kinder gingen ein Stück vor den Fauen her, als Großmutter sagte: „Christl, lauf mal vernünftig." Mutter sagte: „Ach, sie hat doch wieder ihre Schuhe verkehrt rum an. Bleib mal stehen!" Das passierte mir häufig, dass ich die Schuhe verwechselte.

Während Großmutter und meine Schwester langsam weiter gingen, bückte Mutter sich, zog mir die Schuhe aus, ließ mich richtig hineinschlüpfen und wollte sie gerade zubinden, da kam ein farbiger Amerikaner. Ich spürte, wie Mutter erstarrte, viel länger dort am Boden hocken blieb, als es für zwei Schnürsenkelschleifen notwendig war. Ich rührte mich nicht, der Soldat kam näher. Als er mit uns auf gleicher Höhe war, blieb er stehen. Nun stand Mutter auf und stellte sich vor mich. Wir schauten den fremden, dunklen Mann an, er schaute uns an. Dann steckte er eine Hand in seine Uniformjacke, holte etwas heraus, das flach und viereckig und in Papier eingewickelt war, strich mir mit der anderen Hand über den Kopf. Dabei lächelte er. Er gab mir das, was er aus seiner Jacke hervorgezaubert hatte, schaute Mutter an und sagte, auf sich selbst zeigend: „Auch Girl in Amerika." Danach ging er weiter. Er hatte mir eine Tafel Schokolade geschenkt; ich hatte noch niemals eine gesehen.

Unsere Mutter versuchte Arbeit zu finden. Sie hatte keinen Beruf erlernt, war aber eine ausgezeichnete Schneiderin. Bei den Menschen, die sie von ihrem ersten Aufenthalt in Bayern kannte, bot sie ihre Dienste an. Sie nähte zum Beispiel auf einem Bauernhof, der sehr weit von unserer Wohnung entfernt war. Sie ging ganz früh am Morgen los und kam meist erst in der Dunkelheit nach Hause. Einmal, im Winter 1945/46, musste sie von dort über spiegelglatte Straßen laufen, im Dunkeln allein auf der Landstraße. Wir waren alle froh, als sie endlich wohlbehalten bei uns war. Die Frauen waren sehr verzweifelt über diese widrigen Lebensumstände. Dennoch war gerade diese Nähstelle eine sehr gute, denn es gab statt Geld, für das man ohnehin nichts hätte kaufen können, Lebensmittel als Lohn.

In Landau war ein Kinderheim eingerichtet worden für Kinder, die während der Flucht ihre Angehörigen verloren hatten. Jeden Sonntag wurde am Ende des Gottesdienstes darum gebeten, die Einheimischen mögen doch einmal in

der Woche eines dieser Kinder zum Mittagessen einladen, weil sie im Heim große Not litten.
Auf dem Heimweg nach einem Gottesdienst in unsere karge Stube sprachen Mutter und Großmutter darüber, ob wir nicht auch einmal wöchentlich einem Kind eine Mittagsmahlzeit ermöglichen sollten. Wir waren sehr glücklich darüber, dass wir in all den Wirren immer beieinander geblieben waren, uns nicht verloren hatten. Außerdem sagte Mutter, dass sie ja an ihrem Arbeitsplatz zu Essen bekäme, so dass gewissermaßen eine Mahlzeit „übrig“ sei.
Die Frauen kamen überein, ein Mädchen aus dem Heim zu uns einzuladen. Aber die Mädchen waren schon alle vergeben, auch die kleinen Jungen waren sämtlichst untergebracht. Große jedoch gab es noch genügend. Nach kurzem Besinnen entschieden sich die Frauen für einen dreizehnjährigen Helmut.
Schweigsam saß er am Tisch, aß, was ihm angeboten wurde, war höflich und freundlich. Die Eltern seien Lehrer, erzählte er, und als sie sich verloren hätten, sei die Mutter unmittelbar vor der Geburt des siebten Kindes gewesen. Bald kam Helmut nicht mehr nur einmal in der Woche, sondern immer, wenn unsere Mutter auf ihrer Arbeitsstelle Essen bekam und ihre Mahlzeit zu Hause „übrig“ war. Auch blieb er gern bis zum Abendessen. Bei dieser Mahlzeit machte er sich immer ein Brot und fragte, ob er es mitnehmen dürfe, oft habe er vor dem Einschlafen noch einmal Hunger.

Natürlich durfte er. Wenn er dann zurück ins Heim ging, schaute Mutter ihm vom Flurfenster aus nach. Sie sah, dass er regelmäßig von einem anderen Jungen abgeholt wurde. Auf ihre Frage, ob das ein Freund sei, druckste Helmut ein wenig herum, und als Mutter nicht aufhörte zu fragen, sagte er, dass das sein Bruder sei. Nun war klar, wer da am Abend Hunger hatte und für wen die Schnitte bestimmt war, die er nicht aß.

Natürlich hielten die Frauen es nicht aus, zu wissen, dass der eine Bruder sich bei uns sattessen konnte, während der andere im Heim darbte – er durfte mitkommen. Er hieß Günter, war 15 Jahre alt und das älteste Kind dieser Familie. Bald gingen die Beiden nur noch zum Schlafen ins Kinderheim.

Sie trugen die Holzbündel für uns Mädchen aus dem Wald nach Hause, das weiß ich noch. Und ich spüre noch heute, wie schön das war, diese Last abgeben zu können. Sie waren sehr gut erzogen, höflich und bescheiden. Niemals gingen sie am Abend fort, ohne sich bedankt zu haben. Sie spielten mit uns und den anderen Kindern auf der Straße, waren beinah wie große Brüder.

Von ihren Eltern hörten sie nichts.

Einmal kam es zu einem Zwischenfall, der leicht ein böses Ende hätte nehmen können. Die Jungen hatten sich eine Steinschleuder gemacht und zielten damit auf Bäume und Haustüren und ähnliche Ziele. Unsere Mutter verbot ihnen

das Spiel aus Sorge über die vielen kleinen Kinder, erklärte auch genau, wo sie die Gefahr sah. Die Jungen versprachen zwar, nicht mehr zu schießen, hielten sich jedoch nicht an das Versprechen.
Es geschah, dass mich ein Stein im Gesicht traf, sehr nah am Auge. Die Verletzung war nicht schlimm, aber Mutter war sehr böse über den Ungehorsam der Beiden.
Sie kamen tagelang nicht zum Essen, so schämten sie sich. Erst als Großmutter ins Heim ging und beide Jungen abholte, war alles wieder gut.
Aber außer diesem Vorfall kann ich mich nicht erinnern, dass die Jungen jemals etwas getan haben, was sie nicht durften.

Als die Frauen beschlossen hatten, Bayern zu verlassen, berieten sie darüber, wie sie das den Jungen sagen sollten. Zunächst wahrten sie Stillschweigen, auch meiner Schwester und mir gegenüber; dennoch schienen die Jungen verändert, eine Beklommenheit wurde bei beiden spürbar. Sollten sie doch etwas mitbekommen haben?
Als der Zeitpunkt unseres Abschieds näher kam, setzten die Frauen sich mit den Jungen zusammen und berichteten von ihren Plänen. Da geschah etwas Unvorstellbares: Sie lachten! Schauten sich an und lachten! Auch sie hatten nämlich eine Veränderung vor sich und wussten nicht, wie sie uns davon berichten sollten. Zwar hatten sie noch immer nichts von

ihren Eltern gehört, aber alle Kinder aus dem Heim sollten in einer anderen Stadt untergebracht werden. Sie würden Landau etwa zum selben Zeitpunkt verlassen wie wir.

In diese Zeit fiel eine Krankheit unserer Mutter.
Großmutter empfing uns nach der Schule an der Haustür und sagte, wir sollten leise sein, Mutter sei krank. Obwohl das nicht oft vorkam, machte ich mir keine großen Sorgen, denn meist war sie in kürzester Zeit wieder auf den Beinen. Es beunruhigte mich aber, als ich sah, dass sie im Bett lag. Und sie hatte die Augen verbunden. Was war geschehen? Beim Holzsammeln hatte einer von uns einen Axtstiel gefunden und mit nach Hause gebracht. So hartes Holz, das sicher gut und lange brennen würde, fand sich nicht oft. Weil es für das Ofenloch zu groß war, musste es zerhackt werden, das machte Mutter. Beim Hacken sprang der Stiel vom Hauklotz hoch und Mutter so unglücklich ins Gesicht, dass sie erblindete. Das ganze Ausmaß des Geschehens wurde mir klar, als Großmutter Mutter fütterte, sie wusch und an- und auszog, unsere Mutter sah nichts mehr!
Was sollte nun werden? Wer würde in Zukunft das Geld für unseren Lebensunterhalt verdienen? Ohne eine weitere Aufforderung waren wir Kinder sehr leise. Ob damals ein Arzt zu uns ins Haus kam, weiß ich nicht zu sagen, aber ganz, ganz langsam kam das Augenlicht unserer Mutter zurück.
Als die Amerikaner in Landau einzogen, wurden die Bewoh-

ner aufgefordert, alle Wertsachen an einem angegebenen Sammelpunkt abzugeben. Viele Menschen folgten diesem Aufruf, ebenso viele aber versteckten ihre Wertsachen, vergruben sie im Garten oder brachten sie zu Verwandten. Die einzige Wertsache, die unsere Mutter noch besaß, war ihr Fotoapparat. Es war eine Leica Spiegelreflex-Kamera. Das Geld dafür hatte sie sich als junges Mädchen zusammengespart. Sie war sehr stolz darauf, und alle Fotos, die es von uns Kindern und unserer Familie gibt, sind mit dieser Kamera gemacht. Wie sehr sie sie liebte ist daran zu erkennen, dass Mutter dieses nicht gerade kleine Besitzstück bei den wenigen Sachen verstaute, die sie für die Flucht zusammenpackte.

Bis hierhin durch alle Gefahren gerettet, sollte die Kamera nun freiwillig den Amerikanern übergeben werden.

Ich erinnere mich sehr genau an den Kampf, den unsere Mutter kämpfte. Sie war ein äußerst ehrlicher Mensch, zudem zu einem Obrigkeitsdenken erzogen. Außerdem wurde erzählt, dass Häuser, aus denen nichts abgeliefert würde, durchsucht würden. Sie kämpfte tagelang, dann ging sie und gab die Kamera ab. Ich habe sie selten so traurig gesehen.

Wie viele Menschen zu Beginn des 20. Jahrhunderts lebte die Familie unserer Mutter in großer Armut. Mutter war das mittlere der fünf Kinder, das einzige Mädchen. Während die Brüder alle ein Handwerk erlernen durften, auch die Meisterprüfung machten, galt für sie als Mädchen die Meinung: Du brauchst nichts zu lernen, du heiratest ja sowieso. Sie wäre gern länger zur Schule gegangen, zum Beispiel um Fremdsprachen zu lernen, das hat sie oft erzählt. Stattdessen begann ihr Arbeitsleben mit vierzehn Jahren. Sie verließ ihre schlesische Heimat, die Eltern, die Brüder, und ging in Berlin „in Stellung". Ein Mädchen, nicht einmal einssechzig groß, zart und mit langen, dicken Zöpfen, das schlesische Mundart sprach, solange es zurückdenken konnte, kam nach Berlin.

Sie hat nicht oft darüber gesprochen, wie es ihr am Anfang dort erging, aber ihre Augen leuchteten, wenn sie von den Reisen in die Heimat erzählte. Das war einmal in jedem Jahr, wenn sie einerseits ihren Urlaub bekam, und andererseits, was noch viel wichtiger war, das Geld für die weite Reise zusammengespart hatte.

Sie arbeitete in Familien als Dienstmädchen. Wegen ihrer guten und flinken Arbeit wurde sie von der „Herrschaft" geschätzt, von den Kindern geliebt, geachtet wurde sie nicht.

In mehreren Jahren verbrachte sie die Sommer als Zimmermädchen an der Ostsee. Die Orte Heringsdorf und Bansin auf der Insel Usedom waren mir als Kind so vertraut wie meine Heimat, weil Mutter so viel, so begeistert und so anschaulich davon erzählte. Oft versprach sie: „Wenn der Krieg zu Ende ist, fahre ich mit euch dorthin." Mutter liebte das Meer, aber sie konnte nicht schwimmen, das hat sie sehr bedauert.

Dann lernte sie in Berlin einen Mann kennen und lieben, dessen Namen ich getrost nennen kann: Kurt Seelenbinder. Er kam aus einer so genannten guten Familie, die das Mädchen aus dem Osten als nicht standesgemäß ablehnte. Eine Zeitlang trotzten sie dieser Ablehnung, hofften, dass das hübsche und natürliche Mädchen die Familie doch noch für sich einnehmen könnte, es war umsonst. Als sie sich trennten, sagte der Mann zu unserer Mutter: „Ich werde dich niemals vergessen. Und wo immer du auch sein wirst, ich werde dich unter Tausenden herausfinden!"

Mitte der Dreißiger Jahre lernten meine Eltern sich kennen. Sie heirateten im Olympia-Jahr 1936, eineinhalb Jahre später wurde meine Schwester geboren, ein weiteres Jahr danach kam ich zur Welt. Neun Monate später brach der 2. Weltkrieg aus.

Die Ehe stand unter keinem guten Stern; unser Vater konnte nicht treu sein. Er versorgte die Familie nur unregelmäßig mit Geld, Mutter wusste oft nicht, wie sie die Familie durchbringen sollte. Einmal hat sie mir davon erzählt – und ich denke, es war auch das einzige Mal, dass sie darüber gesprochen hat. Niemals zuvor und niemals danach – dass sie, als sie mit mir schwanger war, seit Wochen keine Nachricht und kein Geld von ihrem Mann bekommen hatte, so verzweifelt war, dass sie beschloss, sich, das Kind auf ihrem Arm und das in ihrem Schoß, umzubringen. Sie drehte den Gashahn auf. Nur wenige Minuen später läutete es an der Tür. Mutter öffnete. Es war der Postbote, der ein Paket von der Mutter aus Schlesien brachte, mit Mehl und Butter und Zucker, mit Hülsenfrüchten und anderen Nahrungsmitteln. Unsere Mutter hat diese Begebenheit als Fingerzeig Gottes angesehen. Auch in größter Not und schlimmsten Schwierigkeiten hat sie nicht mehr an Selbstmord gedacht. Und Not und Schwierigkeiten gab es in ihrem Leben wahrlich mehr als genug. Als Mutter mit uns nach Schlesien ging, trennte sie sich von unserem Vater. Das Haus in der Herschelstraße wurde zerbombt, wir hatten nichts retten können.

Der Anfang in Naumburg war schwer. Wir lebten alle zusammen bei unserer Großmutter, die in einer einzigen Stube wohnte. Zusätzlich gab es eine Kammer, in der Großmutter und meine Schwester schliefen.

Im Herbst 1944 fand Mutter in Naumburg eine größere Wohnung, nachdem sie sich mit Nähen einen kleinen Kundenstamm geschaffen und Geld verdient hatte.

Wenige Monate später kam die Flucht. Wieder musste sie alles zurücklassen, konnte nichts als das nackte Leben retten. Sie war eine tapfere Frau, die ich mehr fröhlich als traurig, mehr zuversichtlich als hoffnungslos sehe.

Am 8. Mai 1945 wurde der Waffenstillstand und damit das Kriegsende verkündet. Ich kenne viele Menschen, Menschen meines Alters und ältere, die davon erzählen, dass sie jubelnd auf die Straße liefen, sich um den Hals fielen, überschwängliche Freude verspürten, weil der Krieg zu Ende war. Ich erinnere mich nicht an Derartiges.

Unsere Lage wurde immer schwieriger. Weder die Erwachsenen noch wir Kinder hatten noch Kleidung. Die Schuhe waren uns zu klein geworden, Geld war nicht da und es gab nichts zu kaufen, selbst wenn man Geld hatte.

Es war die Zeit des Anstehens. Irgendeiner sagte: „Da und da gibt es das und das zu kaufen!“, und sofort liefen alle, die nur irgend konnten, los und stellten sich in die immer schon vorhandene Schlange. Es war keine Seltenheit, dass man stundenlang anstand, und es war auch keine Seltenheit, dass kurz, bevor man selbst dran war, die Nachricht durchsickerte, die am meisten gefürchtet war: Es gibt nichts mehr!

An einem Frühsommertag des Jahres 1946 kursierte die Nachricht: Es gibt Milch. Sofort machten wir uns alle vier auf den Weg, jede mit einem Gefäß, in das die Milch gefüllt werden konnte. Wir reihten uns ein und hofften, etwas von der Milch zu bekommen.

Hinter uns fuhr ein Militärkonvoi durch die Stadt mit deutschen Soldaten, die vielleicht in die Heimat entlassen wurden. Mutter und Großmutter schauten die Männer, die auf den offenen Wagen saßen, sehr genau an; waren doch noch immer zwei unserer Onkel nicht heimgekehrt. Dann hielt die Wagenkolonne.

Nach wenigen Minuten sprang von einem der Wagen ein Soldat herunter und kam zielstrebig auf unsere Mutter zu.

Als er bei ihr war, sagte er, auf einem der Wagen säße der Kurt Seelenbinder, Mutter solle zum Wagen kommen und mit ihm sprechen. Großmutter sagte: „Mädel, nu geh! Das kann dein Glück sein.“ Aber Mutter schüttelte den Kopf, sagte, wir stünden nach Milch an, der Konvoi setzte sich langsam wieder in Bewegung und verschwand aus Landau.

Was für eine Liebe!

„Wo immer du auch sein wirst, ich werde dich unter Tausenden herausfinden!“, das hatte er beim Abschied gesagt.

Seither war mindestens ein Jahrzehnt vergangen, Mutter war hunderte von Kilometern von dem Ort entfernt, an dem sie sich kennen und lieben gelernt hatten, stand in einer Schlange, wie sie zahlreich allerorten zu sehen waren – und er sah sie.

Was für eine Liebe!

Ob unsere Mutter ihre Entscheidung jemals bereut hat – ich weiß es nicht. Die beiden haben nichts mehr voneinander gehört.

Ein für uns wichtiges Ereignis traf auch ein, während wir in Landau waren.

Unser Vater war in einer kleinen Stadt in Westpreußen beheimatet. Die Familie betrieb dort eine Schmiede. Ich erinnere mich gut an Besuche im Elternhaus meines Vaters. Sein Vater, unser Großvater, war schon lange tot, aber unsere Großmutter hielt Haus und Betrieb in Ordnung.

Vater, der von sieben Kindern der einzige Sohn war, sollte

die Schmiede erben und weiterführen, die seit Generationen im Familienbesitz war. Auf Wunsch des Vaters erlernte er das Schmiedehandwerk, legte sogar die Meisterprüfung ab, hatte jedoch keinerlei Freude an dieser Arbeit. Nach dem Tod des Vaters wurde ein Schmied eingestellt und unser Vater wurde Monteur.

Wie in der Backstube unseres Onkels und in der Töpferei bei Großmutter machte es mir auch viel Freude, in der Schmiede zuzuschauen.

Da kamen die Pferde, um beschlagen zu werden. Wenn die qualmenden Hufeisen an die Fußsohlen genagelt wurden, ohne dass das Pferd auch nur einen Wehlaut von sich gab, wenn die Eisen, die glühend aus dem Feuer kamen, auf dem Amboß bearbeitet wurden und das Pinkpink der Hämmer eine fröhliche Musik dazu machte, wenn unter kräftigen Schlägen Gitter und Haken und Kessel entstanden, wenn die Funken flogen und die große Hitze mir den Schweiß auf die Stirn trieb, fand ich das schön.

Eine Geschichte sei aufgeschrieben, die Mutter oft erzählte. Meinen ersten Geburtstag feierte ich im Elternhaus meines Vaters. Unsere Großmutter war eine abergläubische Frau. Sie stellte und legte drei Dinge auf den Tisch: eine Bibel, ein Glas und eine Handvoll Erde. Den Anwesenden erklärte sie, nähme das kleine Mädchen die Bibel in die Hand, so werde es ein guter und frommer Mensch werden. Griffe es in den Sand, so werde es früh sterben, und nähme es das

Glas, so werde es dem Alkohol zusprechen. Unsere Mutter war entsetzt, wollte das Spiel nicht zulassen, jedoch, sie wurde nicht erhört. So nahm sie denn das Geburtstagskind auf den Schoß und setzte sich zu allen anderen Gästen an den Tisch. Ich schaute einen Moment lang an, was ich dort vor mir sah, griff entschlossen nach dem Glas, setzte es an den Mund – und machte ein großes Geschrei, weil das Glas leer war.

Nach dem Ersten Weltkrieg, im Jahre 1919, wurde aus Westpreußen der Polnische Korridor.
Alle Bewohner, die nicht die polnische Staatsangehörigkeit annahmen, wurden enteignet. In der Hoffnung, dass die Belagerung nicht lange dauern würde, willigte, wie viele andere auch, unser Großvater ein, somit bekam die Familie die polnische Staatsangehörigkeit.
Durch die Heirat verlor auch unsere Mutter ihr Deutschsein, und wir Kinder wurden bei der Geburt ebenfalls „Polen". Mutter hat viele Anstrengungen unternomen, um für uns die deutsche Staatsangehörigkeit zurückzubekommen. Es war sehr schwierig, die erforderlichen Unterlagen zu bekommen; sie wurden in Berlin beantragt. Sie mussten an die zuständigen Ämter und wieder zu uns zurückgeschickt werden. Es bedurfte vieler Unterschriften, Stempel und Beglaubigungen, und der Postweg war in jener Zeit sehr unzuverlässig.

Wohl wegen all dieser Schwierigkeiten erinnere ich mich so genau an den Tag, an dem von der Post eine Aufforderung kam, Mutter möge mit allen verfügbaren Ausweispapieren auf dem Postamt erscheinen und ein Einschreiben entgegen nehmen. Wir gingen alle zusammen zur Post, auch Großmutter kam mit. Ich sehe noch den großen braunen Umschlag, den Mutter gleich auf der Post öffnete, den Inhalt herausholte. Es wurde uns bescheinigt, dass wir nun Volksdeutsche seien. Damit waren wir zwar noch immer nicht so ganz „richtige" Deutsche, hatten noch allerlei Auflagen zu erfüllen, aber wir waren sehr glücklich.

Im Spätsommer 1945 gab es einen Tag, der bis heute aus dem Alltag herausragt. Wir Kinder schliefen schon. Die Frauen waren noch wach, draußen war es dunkel. Ich erwachte davon, dass an der Haustür Stimmen zu hören waren, die Stimme von Frau Zauner und die Stimme eines Mannes. Ich hörte Frau Zauner sagen: „Ja, die wohnen oben." Darauf hörte ich Schritte die Treppe heraufkommen, Schritte in schweren Schuhen. Ich hatte solche Angst, wer dieser Mann sein könnte, der da zu uns wollte. Wir kannten doch hier niemanden, der uns spät in der Nacht besuchen käme. Ich verkroch mich unter der Decke, aber als es klopfte, machte ich ins Bett. Ich denke, es wird Mutter gewesen sein, die die Türe öffnete, und ihre Angst wird nicht kleiner gewesen sein als die meine. Aber dann! Freudenschreie, Jubel,

Tränen, ergriffene Stille! Es war unser Onkel Martin, der uns nach seiner Entlassung aus der Gefangenschaft in Landau gefunden hatte. Seine Frau war schon wieder nach Görlitz zurückgefahren, sie wollte die Bäckerei nicht so lange allein lassen. So blieb unser Onkel einige Tage bei uns.

Abends, wenn wir Kinder im Bett waren und schlafen sollten, blieben die Erwachsenen noch eine Weile auf. Ich liebte diese Zeit vor dem Einschlafen, die leisen Stimmen der Ewachsenen vermittelten mir Sicherheit und Vertrautheit.

Nun war auch unser Onkel Martin noch mit dabei. Er hatte das liebe, freundliche Gesicht wie immer, die warme Stimme, die ich aus der Backstube kannte. Die drei sprachen schlesisch miteinander, das konnten wir Kinder so gut wie unsere Großmutter.

An einem Abend sprachen sie über den Krieg direkt an der Front. Ich hörte, wie mein Onkel sagte: „Wenn du schießen musst, ist es schrecklich. Der Andere steht vor dir, er ist ein Mensch wie du, und du weißt: Wenn du nicht schießt, schießt er, und du bist der, der tot ist. Da gibt es keinen, der nicht die Hosen voll hat!"

Als mein Onkel Martin starb, war ich Mitte zwanzig. Und all die Jahre hindurch hörte ich, wenn ich ihn sah, diesen Satz und wusste, was er gelitten hatte an der Front.

Unvergessen ist das Weihnachtsfest 1945.

Wie schon erzählt, nähte unsere Mutter in einer Lehrerfamilie. Deren Kinder waren älter als wir, und ein Puppenhaus, das der Vater für sie gebaut hatte, wurde nicht mehr gebraucht. Dieses Haus hat Mutter für uns „ernäht". Es war ein prächtiges bayrisches Landhaus, mit Balkon und Fensterläden, mit Türen zwischen den Zimmern, mit Sprossenfenstern und Zierleisten – ein Haus, wie man es nirgendwo kaufen könnte, wie es eben ein Vater für seine Kinder baut. Nach dem Gottesdienst am Heiligen Abend warteten wir Kinder auf der Treppe, weil das Christkind noch in unserer Stube zu tun hatte. Es wird wohl auch einen Weihnachtsbaum gegeben haben, denn ich kann mich nicht erinnern, dass wir ein Christfest gefeiert haben, an dem es nicht wenigstens ein kleines Bäumchen gab, mit Lametta und anderem Schmuck und ein paar Kerzen.

Endlich wurden wir reingerufen. Das Puppenhaus stand auf dem Tisch, groß und prächtig. Es war wunderschön eingerichtet, mit Möbeln, wie es sie in hochherrschaftlichen Häusern gab: einem Herrenzimmer mit Stehpult und Standuhr. Es gab ein Wohnzimmer, ein Schlafzimmer und eine Küche. In der Küche stand ein Buffet, dazu ein Abwaschtisch mit zwei ausschwenkbaren Abwaschschüsseln, wie sie damals üblich waren. Es gab kleine Porzellan-Püppchen, die Großmutter sehr schön eingekleidet hatte. Es gab Teppiche auf den Böden, Deckchen, gefertigt in feinster Perlenstickerei, Gardinen an den Fenstern und eine Tagesdecke auf den Betten. Zierlichstes Puppengeschirr, Teller, Tassen, Gläser, ein Bowleservice und ein rotes Teeservice. Das Geschirr war nicht säuberlich eingeräumt, sondern lag zum Fenster hin wie in Eile verstreut. Das Fenster stand einen Spaltbreit offen, und Mutter sagte, das Christkind habe sich so schrecklich beeilen müssen, um bei unserer Rückkehr mit dem Aufbau fertig zu sein. Als sie und Großmutter die Stube betreten hätten, sei es eilends aus dem Fenster geflogen und habe das Geschirr dabei noch schnell abgelegt.

Dieses Puppenhaus war unser großer Schatz! Wir haben es mitgenommen, als wir von Bayern wegzogen, und später auch mit in den Westen. Man konnte es zerlegen und wieder zusammenbauen. Meist wurde es im Winter aufgebaut, und zur Weihnacht gab es immer etwas Neues dazu. Das Riesenhaus hat den einzigen Tisch belegt, es musste auf den Boden gestellt werden, wenn wir essen wollten oder unsere Schularbeiten machen mussten. Wir bekamen den Kaffeesatz, um für unsere Puppenkinder zu kochen, bewahrten ein Stück Brot von unserer Mahlzeit auf, um sie zu füttern. Wir haben putzen, ein-, auf- und umräumen gelernt in unserem Puppenhaus, und es gab Kinder, die kamen eher wegen des so ungewöhnlichen Spielzeugs zu uns als unseretwegen.

In die Zeit unseres Bayernaufenthaltes fielen einige Besuche bei meinem Patenonkel in Regensburg.

Er war ein Arbeitskollege meines Vaters gewesen, die Eltern hatten sich angefreundet, und bei meiner Geburt hatten sie ihn gefragt, ob er die Patenschaft übernehmen würde. Die Familie hatte in Regensburg ein Haus mit einem herrlichen Garten. Sie hatte drei Söhne, der mittlere und ich waren gleichaltrig. Eine Tochter der Familie war mit vierzehn Jahren an Tuberkulose gestorben, besonders die Frau meines Taufpaten litt sehr unter diesem Verlust. Ich mochte den Taufpaten nicht. Aber in seinem Haus zu sein, die Weite des Hauses und des Gartens mit den angrenzenden Feldern zu genießen, genug zu Essen zu haben, und zu all dem noch eine Vielzahl an Büchern zum Lesen, das alles schätzte ich sehr.

Am liebsten war mir der Dachboden. Ich ging die Stiege hinauf, vorsichtigen Trittes, damit die Stufen mit ihrem unwilligen Knarren mich nicht verrieten. Rötlichbraun waren sie gestrichen, und in den Stufenmitten, wo die Farbe dem häufigen Scheuern nicht standgehalten hatte, sah ich das helle Buchenholz. Die Türe öffnete ich nur einen Spaltbreit, huschte hinein, schloss sie wieder, drehte den Schlüssel im Schloss herum und war bei mir. Der Tür gegenüber war ein Dachfenster, durch das die Sonne einen breiten Strahl herein schickte. In ihm tanzten Staubkörner, wie die Mücken am Abend über der Havel, nach einer unhörbaren Musik.

Auf der linken Seite lag ein Häufchen weißer Sand, wie man ihn zum Bauen benutzt, einige leere Flaschen standen da. Dort hatte ich mir mit umherliegenden Kleidern und Decken einen Sitzplatz eingerichtet. Der breite Sonnenstrahl

war nun der Vorhang zwischen meiner himmlischen Ecke unter dem Dach und der Welt, die hinter der Bodentür begann. Das goldene Licht und der tanzende Staub, der Sand, der sich, so glaubte ich, auf eine Abwechslung in seinem eintönigen Leben freute, die dunkelgrünen Flaschen, leer und unnütz, mit all dem war ich eins. Ich nahm den Sand in meine Hand und ließ ihn durch eine winzige Öffnung an der Rundung des kleinen Fingers in eine Flasche rinnen. Die Körner rannten und eilten, ein jedes wollte das erste sein auf dem Weg in das Dunkel der Flasche. Sie kitzelten meine Handfläche, kicherten lautlos und versanken im Grün. Wenn alle Flaschen gefüllt waren, floss der Sand zurück, nun in breitem Srahl, alles begann von vorn.
Ein großes, schweres Wilhelm-Busch-Album hatte ich in mein Reich geschleppt, schaute die Bilder an von den Hühnern, die hängen, und der Schneidersfrau, die ihrem Mann den Bauch bügelt. Von Lehrer Lämpel, der schwarzgebrannt am Boden liegt, von der frommen Helene und dem Raben Huckebein, der so ulkig ins Glas schaut. Die Verse lernte ich auswendig. Alle, alle Verse lernte ich auswendig, denn der Abschied aus dieser schönen Welt hinter dem Sonnenvorhang war unausweichlich.

Einmal nahm mein Patenonkel mich in seinem Auto mit. Ich sollte ein Stück mitfahren, aussteigen und zum Haus zurückgehen. Ich saß auf der Rückbank und konnte nicht

fassen, was da geschah! Es war ein wunderbares Auto mit stoffbezogenen Sitzen. Durch das Fenster konnte ich die vorbeifliegende Landschaft sehen, in meiner Erinnerung fuhr das Auto vollkommen lautlos. Mutter erzählte oft, dass ich Angst vor dem Autofahren hatte, nicht einsteigen wollte, schrie, bis ich aussteigen durfte, dies hier war anders.
Mein Onkel hatte mich bald vergessen, und als ich fragte, ob ich nicht lieber aussteigen sollte, waren wir schon so weit vom Haus entfernt, dass er wenden und mich zurückbringen musste.
Er war darüber sehr ärgerlich, aber ich habe diese Autofahrt in guter Erinnerung.

Zum Nikolaus bekamen wir, meine Schwester und ich, eine schön bemalte Tasse, gefüllt mit Süßigkeiten. Ich besitze sie noch immer.
Und noch einmal bekam ich ein Geschenk von ihm. Wir standen in der großen Diele des Hauses, der Onkel war nach Haus gekommen und hatte uns gerufen. Jeder von uns gab er ein schmales, gelbes Kästchen. Ich öffnete es und sah einen hellblauen Wattestreifen. Als ich ihn hochnahm, lag auf einem ebensolchen Streifen ein silbernes Armband. Mein Herz hüpfte vor Freude! Mit einem Finger strich ich über das Schmuckstück, hörte, dass meine Schwester sich bei ihm bedankte. Um das auch zu tun, schaute ich hoch – und hatte das Gefühl, eine hämische Freude in seinem Gesicht

zu erkennen darüber, dass ich mich bei ihm bedanken musste. Es schnürte mir den Hals zu, aber Mutter stand hinter mir, es gab kein Entrinnen. Also sagte ich, was ich fühlte: „Ich bedanke mich für das schöne Armband, aber leiden kann ich Sie deshalb immer noch nicht!“

Mutter ging mit mir in den Keller, es gab eine gewaltige Tracht Prügel. Ich fühlte mich sehr zu Unrecht bestraft, denn ich hatte doch die Wahrheit gesagt: Ich konnte ihn einfach nicht leiden.

Dennoch gehören die Tage in Regensburg zu den glücklichen Erinnerungen in all den Wirren.

Es war so friedlich dort, alles atmete Wohlstand und Ruhe. Wir Kinder hatten jedes ein eigenes Bett, und immer wieder die vielen, vielen Bücher!

Außen am Haus rankten Pfirsiche, ich konnte sie vom Fenster aus pflücken. Einmal wollte ich ausprobieren, wie hoch der Strahl des Gartenschlauches steigen würde, hielt den Schlauch in die Luft, genau über mich. Er stieg sehr hoch, der Wasserstrahl, und kam ganz schnell zu mir zurück.

Ein anderes Mal wollte ich unbedingt die Petersilie aus dem Garten holen, im strömenden Regen. Pitschnaß kam ich ins Haus zurück, mit einem Bündchen Möhrenkraut.

Die Frau des Onkels, eine mir sehr sympathische Frau, schenkte mir ein Buch zum Abschied. Es war das einzige Buch meiner Kindheit; es hieß: Das Mädel Peter. Ich habe es gehütet wie meinen Augapfel, trotzdem wurde es mir gestohlen.

Viel später habe ich das schöne Armband verloren. Ich war längst erwachsen und hatte schon selbst ein Kind. Ich bin den Weg zurückgegangen, als ich den Verlust bemerkte, hab beim Fundbüro nachgefragt, sogar eine Kleinanzeige habe ich in die Zeitung gesetzt, aber ich habe es nicht wiederbekommen.

Der Onkel hat sich irgendwann von seiner Frau getrennt, hat sie richtig sitzen lassen mit den drei Kindern und der Trauer über die verstorbene Tochter; ich war zu dem Zeitpunkt noch ein Schulkind. Ich dachte: Siehste, ich konnte ihn ja gleich nicht leiden!

Als die Amerikaner aus Landau abzogen, stürmte die Bevölkerung die Lager in der Kaserne. Es sah ganz ähnlich aus wie auf der Landstaße zwischen Naumburg und Görlitz: Mit allem, was gefüllt werden konnte, strömten die Menschen hin und nahmen, soviel sie tragen konnten. Wieder kämpfte unsere Mutter einen großen Kampf mit ihrer Ehrlichkeit.

Dann aber ging sie doch an diesen Ort, an dem Dinge zu holen waren, von denen die Menschen nur träumen konnten. Sie kam zurück mit Stoff, mit roten Stoffbahnen, aus denen Fahnen genäht werden sollten. Mutter nähte daraus Kleider für meine Schwester und für mich.

Im Frühjahr 1946 waren wir Kinder doch so weit heimisch geworden, dass wir mit den einheimischen Kindern zusammen spielten. Die Straße „Leitenberg“, an der wir wohnten, war tatsächlich ein Berg, kein sehr hoher, eher ein sanfter Hügel.

Landau a. d. Isar 1945
Doris – Großmutter – Christl (von links)

Spiele aber wie Reifenschlagen oder Kreiseln waren nicht möglich. Also erfanden wir andere Spiele. Eines, an das ich mich gern und sehr genau erinnere, fand auf einem großen Leiterwagen statt, der dem Haus, in dem wir wohnten, gegenüberstand. Zur Erntezeit wurde ein Pferd davor gespannt, der Bauer fuhr damit auf seine Felder, am Abend kam der Wagen hochbeladen zurück. Stand er jedoch leer vor dem Haus, durften wir darauf spielen. Am liebsten waren wir natürlich der Kutscher, der die Zügel halten und das Pferd antreiben oder stillstehen lassen durfte. Aber es war auch schon schön, über die Deichsel hinaufzuklettern und oben zu sitzen. Wir ließen uns von der Sonne bescheinen, machten Pläne für die nächsten Spiele oder erzählten miteinander. Dazu gehörte ein Vers, den wir in leichtem Singsang miteinander aufsagten: „Ich fahr' nach Paris und kauf mir'n neues Gefries." Ich wusste weder was Paris ist, noch viel weniger, was ein Gefries sein könnte, dieses gemeinsame Singen jedoch vermittelte mir ein Zugehörigkeitsgefühl.

Im Mai 1946 gingen die Kinder aus unserer Nachbarschaft jeden Abend in die Kirche. Natürlich wollte ich sofort den Grund dafür wissen. Sie erklärten mir, dass der Mai der Marienmonat sei und an jedem Abend eine Andacht für die Mutter Gottes gehalten werde. Und fügten hinzu: „Komm doch einfach mal mit." Ich fragte unsere Mutter, sie erlaubte es mir, und so ging ich abends wie jedes gute Katholikenkind mit sauberen Händen, frisch gekämmten Haaren und großen Sträußen Himmelschlüssel in die Maiandacht. Die Blumen stellten wir der Mutter Gottes vor den Altar in die bereitstehenden Krüge.

Das war ein Gottesdienst, der mir gefiel! Die Bänke hatten am Mittelgang Türen, und wer früh genug dort war, setzte sich an ein Türchen und war nun für alle später kommenden Kinder der Pförtner. Bevor die Messe begann, klingelte ein Glöckchen, da musste man aufstehen. Im Altarraum erschienen mehrere Menschen in bunten Gewändern, und nicht wie unser Pfarrer nur im schwarzen Talar. Es waren auch Kinder dabei, und wie der Pfarrer bewegten sie sich sehr würdevoll. Ein Junge hatte ein Kesselchen, das an langen

Ketten hing und das er hin- und herschwenkte. Dabei stieg ein betörender Duft auf, der die Kirche füllte. Wir sangen wunderschöne Marienlieder, die ich bald so gut kannte wie die einheimischen Kinder, ich stand auf und kniete mich hin, wie ich es bei den anderen Kindern sah, zum Rumzappeln wie in unseren Gottesdiensten war gar keine Zeit. Zudem begeisterte mich ein Kettchen, das die Kinder beim Beten durch ihre Finger gleiten ließen. Auf meine Nachfrage erfuhr ich, dass das kein Kettchen sei, sondern ein Rosenkranz, und dass jede Perle ein Gebet bedeute. Ich fragte Mutter, ob ich auch so einen Rosenkranz bekommen könne, aber dazu hat sie denn doch nein gesagt.

Weiter oben am Leitenberg war eine Metzgerei oder ein Bauernhof. Ich habe noch den Duft gekochten Fleisches in der Nase. Dorthin durften wir mit einem Topf oder einer Kanne gehen und „Wurstebrühe" holen. Es war jedesmal ein Fest, wenn es Wurstbrühe gab; manchmal schwamm sogar noch ein Stückchen Fleisch oder Wurst darin.

Der Weg zurück

Im Sommer 1946 beschlossen die Frauen, Bayern zu verlassen. Unser Onkel Alfred war aus dem Lazarett entlassen worden und hatte seine Familie in Brandenburg an der Havel wiedergefunden. In dem Haus, in dem sie wohnten, war eine Wohnung frei, die konnten wir bekommen.

Mutter wäre wohl gerne in Bayern geblieben, aber Großmutter war sehr unglücklich dort. Sie sagte, die Bayern könnten gar kein richtiges Deutsch, sie hat auch nie gelernt, etwas davon zu verstehen. Das machten wir Kinder uns zuweilen zu Nutze. Wenn wir etwas zu besprechen hatten, was sie nicht wissen sollte, sprachen wir bayrisch, Großmutter hat das immer sehr wütend gemacht. Es hatte seinen besonderen Reiz, dass sie den Bayern die deutsche Sprache absprach; sie selbst sprach nur schlesisch, und das wiederum war für die Bayern kein richtiges Deutsch.

Wir packten also im Spätsommer unsere Sachen und verließen den Ort, an dem wir Zuflucht gefunden hatten. Großmutter war es Recht; sie würde in Brandenburg einen ihrer Söhne wiedersehen, und Görlitz, wo der andere Sohn lebte, war von dort leichter zu erreichen als aus dem ungeliebten, südlichen Land.

Zwischen Landau und Brandenburg liegen ein Lageraufenthalt und ein Aufenthalt in einer Quarantäne.

Das Lager in Regensburg habe ich in schlimmer Erinnerung. Es war eingezäunt mit Betonpfosten, deren obere Enden nach innen gerichtet und mit Stacheldraht bespannt waren. Sie vermittelten mir den Eindruck, uns alle Tag und Nacht zu beobachten. Wir hielten uns in einem Raum auf, der mir ebenso riesig erschien wie die Zaunpfosten. An einer Wand des Saales standen dreistöckige Betten. Die Kinder, weil sie die Leichtesten waren, mussten ganz oben schlafen. Die Betten standen dicht an dicht, all die Frauen und Kinder hatten außer ihrer schmalen Pritsche keinen Ort, an dem sie sich aufhalten konnten.

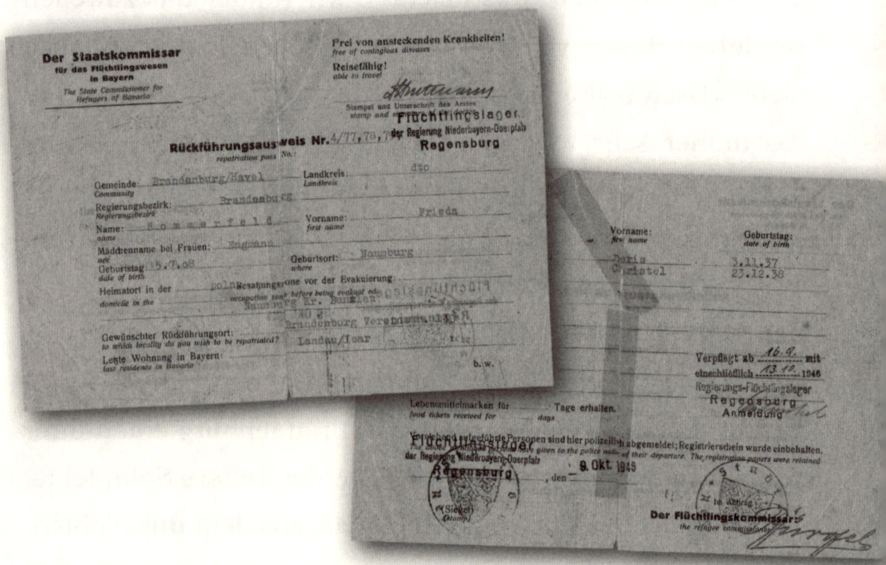
Der Staatskommissar
für das Flüchtlingswesen
in Bayern
The State Commissioner for
Refugees of Bavaria

Frei von ansteckenden Krankheiten!
free of contagious diseases
Reisefähig!
able to travel
Stempel und Unterschrift des Arztes
Flüchtlingslager
der Regierung Niederbayern-Oberpfalz
Regensburg

Rückführungsausweis Nr. 4/77,78,7
repatriation pass No.:

Gemeinde: Brandenburg/Havel
Community
Landkreis: dto
Landkreis
Regierungsbezirk: Brandenburg
Regierungsbezirk
Name: Sommerfeld
name
Vorname: Frieda
first name
Mädchenname bei Frauen: Engmann
née
Geburtstag: 15.7.08
date of birth
Geburtsort: Naumburg
where
Heimatort in der poln. Besatzungszone vor der Evakuierung:
domicile in the occupation zone before being evakuated:
Naumburg Kr. Bunzlau
Brandenburg
Gewünschter Rückführungsort:
to which locality do you wish to be repatriated?
Landau/Isar
Letzte Wohnung in Bayern:
last residence in Bavaria
b. w.

Vorname:
first name
Geburtstag:
date of birth
Doris 3.11.37
Christel 23.12.38

Verpflegt ab 16.9. mit einschließlich 13.10. 1946
Regierungs-Flüchtlingslager
Regensburg
Anmeldung

Lebensmittelmarken für Tage erhalten.
food tickets received for days

Vorstehend aufgeführte Personen sind hier polizeilich abgemeldet; Registrierschein wurde einbehalten.
The above have given to the police notice of their departure. The registration papers were retained
Flüchtlingslager
der Regierung Niederbayern-Oberpfalz
Regensburg
, den 9. Okt. 1946
(Siegel)
(stamp)
Im Auftrag
Der Flüchtlingskommissar:
the refugee commissioner

Wir waren dort von Mitte September bis Mitte Oktober 1946. Es war schon sehr kalt, auch in diesem Saal. Ein Kanonenofen wurde nicht beheizt, weil er voller Unrat war. Mutter und Großmutter machten sich daran, den Ofen auszuräumen, zu

säubern und Feuer anzuzünden. Ich weiß nicht, woher sie das Brennmaterial genommen haben, aber ich weiß, dass das Feuer brannte und der Saal sich erwärmte. Zu diesem Zeitpunkt gab es Streit, wer in der Nähe des Ofens sitzen und darauf kochen durfte. Auch unsere Mutter kochte für uns kleine zusätzliche Mahlzeiten. Lange Zeit habe ich darüber nachgegrübelt, woher sie die Lebensmittel dazu hatte, wir durften das Lager nicht verlassen.
Es ist mir eingefallen. Sie kamen von meinem Patenonkel. Ich sehe mich an dem Zaun, vor dem ich mich so fürchtete, an der Erde hocken und unter dem Zaun hindurch kleine Päckchen entgegennehmen, die mir zugesteckt wurden.

Wie immer fürchtete ich mich sehr, wenn ich das Gefühl hatte, alleine zu sein. Das war besonders schlimm in den Nächten.
Die Frauen lagen unter uns, wir konnten sie nicht sehen. Meine Schwester lag zwar neben mir, schien mir aber dennoch so weit entfernt, dass Angst und Einsamkeit nicht vertrieben wurden. Oft rutschte ich zu ihr ins Bett, verließ sie erst im Morgengrauen und kroch in mein Bett zurück. Es waren viele Kinder im Lager, aber ich sehe nicht, dass wir gespielt haben. Lediglich die Angespanntheit, die allenthalben zu spüren war, ist mir sehr gegenwärtig.
Wieder gab es keinen Schulunterricht.
Die Fahrt vom Lager in Regensburg nach Rathenow in die

Quarantäne fand in einem Viehwaggon statt.
Wir hatten unseren Platz hinten rechts in der Ecke. Wie bei jeder Reise des nun schon fast zwei Jahre währenden Unterwegsseins hatten wir Kinder unsere Schulmappe zu tragen und zu beaufsichtigen, mit der oben aufgeschnallten Decke. Der Waggon war dicht gedrängt mit Menschen gefüllt. Es gab eine Schiebetür, die wurde von außen geschlossen. Aber es gab weder Sitze noch Bänke, man saß auf dem nackten Boden. Neben der Schiebetür befanden sich zwei kleine Fenster. Sie waren hoch oben, wir Kinder hätten sie nicht erreichen können. Die Erwachsenen drängten sich dort, um frische Luft zu erhaschen; darüber gab es oft Streit. Wenn ein Bahnhof durchfahren wurde, waren die Menschen an den Fenstern bemüht, den Namen auf den Schildern zu lesen. Auf der linken Seite neben der Tür war eine Ecke eingerichtet, in der alle Menschen ihre Notdurft verrichteten. Man wartete damit, so lange es ging, denn wenn der Zug hielt und die Türe geöffnet wurde, durften wir aussteigen. Das aber geschah selten, und so musste die Ecke häufig genutzt werden. Der Gestank wurde immer bestialischer, wohl auch deshalb, weil während der Aufenthalte nur der schlimmste Unrat entfernt, die Ecke aber nicht gründlich gesäubert werden konnte.
Der Zug hielt tagsüber oder nachts, auf Bahnhöfen oder auf freier Strecke, er machte lange Pausen oder fuhr schnell wieder ab. Einmal blieb eine Mutter draußen, während die

restliche Familie schon eingestiegen war. Man versuchte durch Schreien und Winken den Lokführer aufmerksam zu machen, es gelang nicht. Erst beim nächsten Halt wurde er über das Unglück unterrichtet. Der Zug fuhr zurück, ganz langsam und – so meine ich – stundenlang, bis die Frau gefunden war.
Manchmal gab es zu trinken und zu essen. Es wurde uns vom Bahnsteig aus gereicht. Ich sehe dampfende Töpfe, aus denen uns etwas Heißes gegeben wurde. Ich sehe auch bei einem Halt in der Abenddämmerung einen Menschen wegrennen. Rennen, so schnell die Beine ihn trugen. Er rannte und rannte, Menschen aus dem Zug schrien, er solle zurückkommen, wir führen weiter, er rannte und rannte.
Dieser flüchtende Mensch, ich weiß nicht einmal, ob es ein Mann oder eine Frau war, dieser Mensch ist mir lange in meinen Tag- und Nachtträumen begegnet. Wir hatten außer den Beschwernissen des Transportes nichts zu befürchten, warum war er weggerannt? Warum hatte er das sichere Transportmittel verlassen? Ich habe ihn nie vergessen.
Wir waren mehrere Tage und Nächte in diesem Zug unterwegs.

Schlimmer noch als der Aufenthalt im Lager war es in der Quarantäne. Auch hier gab es einen großen Raum, in dessen Mitte ein gemauerter Ofen stand. Die Bank rundherum war die einzige Sitzgelegenheit für all die Menschen. An

den Wänden rings um den Saal waren Strohsäcke ausgelegt, ohne Zwischenräume, dicht an dicht. Auf denen schliefen wir. Wenn es Nacht wurde und die Frauen und Kinder sich zum Schlafen hinlegten, kamen die Ratten. Sie tobten in Scharen durch den Raum, suchten nach Essbarem, rannten über die schlafenden Menschen hinweg.
Wir Kinder schliefen zwischen den Frauen. Mutter hatte immer einen Stock neben sich liegen, um die Ratten zu vertreiben.
Einmal, als ich sie im Schlaf berührte, schlug sie mit dem Stock nach der vermeintlichen Ratte – es tat ihr so leid. Sie hielt mich in ihrem Arm, bis ich wieder eingeschlafen war. Auch hier, nun schon Mitte Oktober und bei eisiger Kälte, wurde der Ofen nicht geheizt. Wieder waren es Mutter und Großmutter, die den Ofen leerten, nach Brennmaterial suchten und zu heizen begannen.
Außerhalb der Baracke war ein großer freier Platz, dort durften wir uns aufhalten. Mutter wird dort Brennholz gefunden haben. Ich war froh, wenn ich der drangvollen Enge des Lagersaales für eine Weile entfliehen konnte. Ich sah den Himmel über mir mit den dahinziehenden Wolken, am Ende des Platzes ein kleines Wäldchen, wie sie für die Märkische Heide typisch sind, mit Kiefern und Birken.
Mutter fand außer Brennholz dort draußen etwas, was unser Leben erleichterte: Ein kleines eisernes Gestell mit drei kurzen Beinen und einem Ring darauf. Daraus zauberte sie

eine Kochstelle, machte in der Kälte ein Feuer darunter und kochte eine Mehlsuppe für uns.
Sie war eine Lebenskünstlerin, unsere Mutter!
In unserem Gepäck waren unsere wenigen Habseligkeiten, dabei gewiss auch ein Kochtopf. Mutter ließ sich nicht entmutigen, hoffte immer auf „bessere Zeiten“, war nur selten ratlos und noch seltener hoffnungslos. Immer fand sie einen Weg, auch das erbärmlichste Leben erträglicher zu machen, so auch mit diesem Abfallprodukt, das sie zur Kochstelle umfunktionierte.

Schule, Not und Kinderspiele

Aus der Quarentäne entlassen, kamen wir Ende Oktober oder Anfang November 1946 in Brandenburg an.

Die Wohnung, die uns zugesagt war, hatte eine Küche mit einem gemauerten Herd, eine Stube mit einem Kachelofen und ein Schlafzimmer, das war der größte Raum.

Eine Bombe hatte auch unser zukünftiges Zuhause zerstört: Die Wände in Stube und Küche hatten Löcher gehabt, die Fenster waren ohne Glas, im Schlafzimmer klaffte ein Loch im Fußboden. Bei unserer Ankunft in der Vereinsstraße 14 stand der Winter vor der Tür.

In dem Haus wohnten wir gemeinsam mit der Familie unseres Onkels. Ein Verwandter unserer Tante hatte die schlimmsten Bombenschäden beseitigt, die Löcher in den Mauern schließen können, dennoch konnte es uns nicht zuversichtlich stimmen, in dieser Wohnung den bevorstehenden Winter verbringen zu müssen. Nach wie vor war das Fenster in der Stube ohne Glas, im Schlafzimmer klaffte das große Loch im Fußboden; es wird für die Frauen ein großer Kampf gewesen sein, unser Überleben, den Neubeginn zu organisieren und zu schaffen.

Zuerst aber gab es bei der Ankunft etwas zu Essen bei unserer Tante Emmi, Quarkstullen mit so dick Quark darauf, dass sich die Zähne darin abdrückten. Das hat mich sehr beeindruckt!

Es gab Lebensmittelkarten. Und Bezugscheine für Kleidung, vielleicht auch für Möbel. Aber man brauchte natürlich auch Geld, um das kaufen zu können, was einem zugeteilt worden war. Also suchte Mutter Arbeit. Sie fand sie in der russischen Kaserne. Dort arbeitete sie als Putzfrau bei einer ukrainisch-jüdischen Familie, die zwei Töchter hatte. Neben ihrem Lohn bekam sie während der Arbeitszeit auch etwas zu essen.

Sehr gut erinnere ich mich an den Kampf, den unsere Mutter jeden Morgen kämpfte, wenn sie in die Kaserne ging: Diente sie doch denen, die auch über unsere Familie viel Leid gebracht hatten. Aber die Frau dieser Familie war sehr gutmütig.

Einmal weinte Mutter bei der Arbeit, weil sie dort gutes Essen bekam und uns nichts abgeben konnte. Als die russische Frau es bemerkte, fragte sie nach dem Grund, und nach einigem Zögern und dem Drängen ihrer Arbeitgeberin sagte unsere Mutter, dass sie nicht wisse, wie sie ihre Familie ernähren solle. Von da an bekam sie häufig Lebensmittel, die sie mit nach Hause nehmen durfte. Damit Mutter aber sicher durch die Kasernenkontrolle kam mit dem Geschenkten, musste die Frau sie dorthin begleiten und dem Wachtposten sagen, dass alles seine Richtigkeit habe.

Diese Mühe hat sie immer auf sich genommen. Auch trockenes Brot, das von den Russen nicht mehr gegessen und in den Abfall geworfen wurde, durfte Mutter mitnehmen.

Dafür hat sie Glas für das Stubenfenster und Holzbretter für die Schlafzimmertür eingetauscht. Oft aber gab es auch eine Brotsuppe davon, die habe ich besonders gerne gegessen – die machte richtig gut satt.
Und noch etwas aus diesem Hause hat uns das Leben erleichtert. Wir hatten nur drei Teller für vier Personen. Als in der Russenfamilie der Hund gestorben und damit der Wassernapf überflüssig geworden war, durfte Mutter ihn mit nach Hause nehmen. Von diesem Napf wird noch zu erzählen sein.

An zwei oder drei Tagen im Monat musste Mutter zum Steineklopfen. Das war für alle Frauen Pflicht in dieser Zeit. Die Steine der zerbombten Häuer wurden auf den Trümmerstellen so abgeklopft, von Schutt und Zement gereinigt, dass sie zum Wiederaufbau verwendet werden konnten. Abgesehen davon, dass Mutter an diesen Tagen nichts verdiente, mussten die Frauen bei jedem Wetter auf den Trümmerstellen arbeiten. Neben ihrer Arbeit bei der russischen Familie hatte Mutter wieder einige Kunden gefunden, für die sie nähte. Nach den Steineklopftagen waren ihre Hände so kaputt, dass sie tagelang nicht nähen konnte. Und da es keine Handcreme gab, dauerte es lange, bis die Hände geheilt waren – da war der nächste Tümmertag schon da.
Einmal sah ich, wie die Frauen zu diesem Einsatz abtransportiert wurden. Sie versammelten sich auf dem Nikolai-

platz, in den die Vereinsstraße mündete. Es waren lauter junge Frauen, ausgemergelt und ausgehungert, die meisten gewiss nur mit einem Stück Brot in der Tasche. Der Lastwagen kam, auf den die Frauen klettern mussten. Unsere Mutter war eine kleine Frau, die die Rampe des Lastwagens nur erreichte, indem sie gezogen, geschoben, hochgezerrt wurde.

Ich beobachtete das, und war einerseits tief entsetzt über eine solch demütigende Behandlung, andererseits ergriff mich eine große Angst, Mutter niemals wiederzusehen; von mit Menschen beladenen Lastwagen hörte man viel Schlimmes.

Jedesmal, wenn sie zum Steineklopfen fuhr, überfiel mich an diesem Tag eine große Angst, aber Mutter kam immer zurück.

In Brandenburg konnten wir endlich wieder zur Schule gehen. Die Schule an der Ecke der Vereinsstraße war für die Russenkinder aus der nahen Kaserne eingerichtet worden. Wir gingen in die Fontane-Schule des angrenzendes Viertels. Es wird Mitte November gewesen sein, als ich dort ankam. Ich wurde der zweiten Klasse zugeteilt. Es war ein großer Klassenraum mit vielen Mädchen. Ich durfte mich in die letzte Bank setzen. Meine Lehrerin hieß Fräulein Püppge, ich habe sie geliebt!

Das strenge, leistungsorientierte Schulsystem kam mir entgegen, ich war ausgehungert nach Wissen. Aber das Stillsitzen den ganzen Vormittag über hatte ich noch immer nicht gelernt.

Als ich im Herbst 1944 in Naumburg eingeschult worden war, bekam ich dieselbe Lehrerin wie meine Mutter: Fräulein Erselius. Ich habe sie riesengroß und unfassbar streng in Erinnerung, wovon das Letztere gewisslich zutraf. Ich war etwas mehr als fünfeinhalb Jahre alt und konnte nicht einsehen, warum ich zum Lernen auf dem Stuhl sitzen sollte. Meiner Meinung nach lernte ich ebenso gut, wenn ich umherlief und den anderen Mädchen zusah. Auch still zu sein, fiel mir schwer. Für all diese Untaten zückte Fräulein Erselius ihren Rohrstock, ich musste die Hände ausgestreckt hinhalten, je nach Schwere der Tat mit den Innen- oder Außenflächen nach oben, und sie schlug zu. Es war ratsam, nicht zu zucken, das brachte mehr Schläge. Eines Tages kam Mutter zufällig dahinter, was da in der Schule vor sich ging. Sie begleitete mich am nächsten Morgen und sagte in strengem Ton zu meiner Lehrerin, die ja auch die ihre gewesen war, sie dürfe mich niemals mehr schlagen. Wenn ich zu klein oder zu dumm für die Schule sei, nähme sie mich für ein Jahr zurück. Aber geschlagen würde ich nicht!

Ich habe meine Mutter selten so bewundert und für so mutig befunden.

Geschlagen wurde ich tatsächlich nicht mehr in der Schule.

Fräulein Püppge war auch streng. Wir bekamen eine Strafarbeit auf, wenn wir uns nicht gut betragen hatten, die musste im schlimmsten Fall von der Mutter unterschrieben werden. Ich hatte wirklich oft eine Strafarbeit zu machen. Trotzdem liebte ich die Schule und meine Lehrerin von ganzem Herzen.

In der Schule gab es Hefte. Zwar war auch die Schiefertafel noch aktuell, darauf musste ich die Hausaufgaben schreiben, die Arbeiten in der Schule aber wurden in richtige Hefte geschrieben. Es war ganz billiges Papier, auf dem die Tinte verlief und das Radiergummi gleich ein Loch entstehen ließ. Viele Holzteilchen auf jeder Seite ließen die Feder abrutschen, sodass ich noch lange mit dem Bleistift schrieb, dennoch: Es war eine Vorahnung dessen, was einmal sein würde.

Und es gab ein Lesebuch!

Zum ersten Mal in meinem Leben, von den wenigen Monaten im ersten Schuljahr abgesehen, gab es ein Schulbuch, das wenigstens für ein Jahr lang mir gehörte. Ich las es wieder und wieder, lernte alle Gedichte auswendig, kannte in den Geschichten jedes Komma – ein Buch zum Lesen! Ein richtiges Buch zum Lesen für mich ganz allein!

Ansonsten aber hatte ich große Wissenslücken; wo auch hätte ich das Versäumte lernen sollen? Trotzdem wurde ich im Sommer in die dritte Klasse versetzt.

Zu diesem Zeitpunkt wurde in der Fontaneschule wegen akuten Lehrermangels beschlossen, die Kinder der Unter-

stufe auch am Nachmittag zu unterrichten.
Ich gehörte in die Unterstufe und hatte nun im Wechsel zwei Wochen vormittags und zwei Wochen nachmittags Unterricht.
Im Sommer ging das gut, ich kam noch bei Tageslicht nach Hause. Als aber Herbst und Winter kamen, musste ich den Heimweg im Dunkeln gehen. Die Frauen hatten Angst, dass mir etwas passieren könnte und schickten oft meine Schwester vor Einbruch der Dunkelheit in die Schule. Dort wartete sie in meiner Klasse, bis der Unterricht für mich zu Ende war und wir gingen gemeinsam nach Hause.
Diese gemeinsamen Wege in Winternächten – es war ja ganz dunkel und mir kam es vor wie die Nacht – habe ich in sehr schöner Erinnerung. Wir sprachen miteinander, besprachen auch viele Dinge unseres kleinen Lebens. Wir waren völlig ohne Angst und Sorge. Meine Schwester erklärte mir den Himmel.
Wir kannten schon einige Sternbilder, die suchten wir. Ich erfuhr von ihr, dass die Sterne so groß sind wie die Erde, nur weil sie so weit, weit entfernt sind, erscheinen sie uns so klein. Ich habe sie sehr bewundert, weil sie all das schon wusste.
Wenn wir nach Hause kamen, wurden wir froh empfangen, die Stube war warm, es gab Abendbrot, es waren friedliche Zeiten.
Dann aber begann ein Winter in großer Not.

Wir beide, meine Schwester und ich, hatten zusammen nur ein Paar Schuhe. Das wurde natürlich sehr geschont.
Eines Tages, als ich mittags losging zur Schule, war es zwar sehr kalt, aber trocken und sonnig. So durfte ich nicht die Schuhe anziehen, sondern bekam ein zweites Paar Strümpfe an und Klapperlatschen. Das waren Holzsohlen mit Lederriemchen über den Zehen.
Als die Schule aus war, hatte es geschneit; es lagen zehn Zentimeter Neuschnee. Mühsam war es, mit den Klapperlatschen durch den weichen, pulverigen Schnee zu kommen.
Es war ganz dunkel, nur der Schnee schimmerte hell.
Auf dem Nikolaiplatz, von dem aus ich unser Haus schon sehen konnte, hörte ich Schritte hinter mir. Ich musste noch den Platz überqueren, in die Vereinsstraße einbiegen, noch ein paar hundert Meter gehen, dort war die Haustür zum Haus Nummer 14.
Die Schritte folgten mir.
Was sollte ich tun? Rennen? Einfach so weitergehen? Mich verstecken? Wer folgte mir?
Plötzlich hatte ich nur noch einen Klapperlatschen. Der andere war verloren im Schnee.
Ich tastete mit den Händen danach.
Ich fand ihn in der Finsternis nicht, den anderen Latschen.
Ich hörte die Schritte näher und näher kommen.
Acht Jahre war ich alt, hatte die schreckliche Flucht hinter mir, zu Fuß, in Luftschutzkellern, im Viehwaggon, wieder

zu Fuß, in Zügen, Angst, Angst hatte mein Leben bestimmt. Wenn ich nun einfach nach Hause rannte und mit nur einem Klapperlatschen aus der Schule käme, was würde Mutter sagen? Wenn ich aber den Latschen weitersuchte und die Schritte kämen näher und brächten mich um, und ich käme nur noch tot zu Hause an, wäre das ein größerer Verlust als der Klapperlatsch?

Dann waren die Schritte neben mir. Eine Männerstimme fragte: „Was suchst du denn?“ „Meinen Klapperlatschen. Ich hab den Klapperlatsch verloren.“ Der Mann hatte Streichhölzer, eine große Kostbarkeit in dieser Zeit. Streichholz um Streichholz zündete er an, ließ es bis an die Finger abbrennen, ehe er es im Schnee löschte.

Kein Unhold war er, ein Helfer. Ein Helfer bei der Suche nach einem Klapperlatschen, den ein kleines Mädchen auf der Flucht vor ihm verloren hatte.

Als ich zu Hause ankam, waren Mutter und Großmutter schon außer sich wegen meiner Verspätung. Mutter setzte mich aufs Sofa, zog die schneenassen Strümpfe von meinen Füßen. Sie hockte sich vor mich auf den Boden, rieb meine eisigen Füße in ihren Händen, hauchte ihren warmen Atem darauf. Das Blut kehrte zurück in meine Zehen, es tat so weh. Mutter liefen die Tränen über das Gesicht, während sie versuchte, meine Füße zu wärmen. Ich fragte: „Hast du auch so kalte Füße?“ Sie schüttelte den Kopf. „Und warum weinst du dann?“, fragte ich. Ob wir, der Mann mit den

Streichhölzern und ich, den Latschen gefunden hatten – ich weiß es nicht.

Wann immer das Wetter es zuließ, spielten wir draußen. Wir konnten in der Vereinsstraße spielen oder in der der Häuserreihe gegenüberliegenden zerbombten Kaserne. Der „Damm“, die Fahrbahn der Vereinsstraße, hatte Kopfsteinpflaster, auf dem befestigten Bürgersteig jedoch konnten wir unsere Kreisel tanzen und die Reifen rollen lassen. Beides waren beliebte Kinderspiele.

Einen Kreisel besaß wohl jedes Kind. Es war ein kleiner, meist bunter Holzkegel, an dessen unterem Ende ein Nagel eingeschlagen war, auf dessen Kopf drehte sich der Kreisel. Dazu brauchte man eine Peitsche mit einer Schnur daran. Die Schnur wurde um den Kreisel gedreht, fest und in gleichmäßigen Runden. Der Kreisel wurde auf den Boden gesetzt, die Schnur mittels Peitschenstock mit Schwung abgezogen – schon tanzte der Kreisel. Durch immer neues Schlagen wurde verhindert, dass er umkippte. Natürlich legten wir unsere Ehre darin, möglichst lange im Wettbewerb zu bleiben, denn es ging tatsächlich um die Wette.

Auch das Reifenschlagen war ein Wettspiel. Meist war es ein eiserner Reifen, der vom Holzrad eines Wagens abgefallen war und uns nun als Spielzeug diente. Der Reifen wurde mit der Hand oder mit einem Stock angeschlagen, eine zuvor festgelegte Strecke entlang. Sieger wurde, wessen Reifen nicht vor dem genannten Ziel umgekippt war.

Wenn wir einen Ball hatten, spielten wir „Probe“. Dazu wurde der Ball in immer schwieriger werdenden Formationen an die Wand geworfen und wieder aufgefangen.

Neunmal unter dem rechten Bein durch an die Wand, auffangen, achtmal unter dem linken Bein durch, siebenmal mit der rechten Hand fangen, sechsmal mit der linken, über den Kopf werfen. Rückwärts zur Wand stehend werfen, sich blitzschnell umdrehen, fangen, werfen und sich einmal, zweimal drehen, und immer fangen, immer den Ball fangen. Fiel er zu Boden, kam das nächste Kind dran. Wenn wir zwei Bälle zur Verfügung hatten, spielten wir „Probe“ mit zwei Bällen; das war sehr schwer, aber wir waren durch das viele Üben sehr geschickt.

In der Kaserne spielten wir mit unseren Puppen. Wir breiteten Decken aus, errichteten so ganze Wohnungen, besuchten uns gegenseitig, gingen spazieren. Alle Kinder, die nah beieinander wohnten, spielten zusammen.

Abends spielten wir Verstecken. Einguck und Anschlag waren immer im Hauseingang des Hauses Nummer 14. Die Haustür lag im Hochparterre, es führten sieben oder acht Stufen hinauf, die ins Mauerwerk eingebaut waren. Die Stufen waren aus Holz und hatten nur waagerechte Bretter, keine senkrechten, die die Treppe verschlossen hätten. Dadurch konnte man unter den Stufen durchkriechen, sich unter dem Kind, das suchen musste, verstecken und bei „Eins,

zwei, drei, ich komme!“, sich von unten her blitzschnell freischlagen. Diesem schlauen Treiben wurde alsbald Einhalt geboten durch den Zusatz: „... vor mir, hinter mir und unter mir gildets nicht. Ich komme!“
Mit Kreide oder Malsteinen wurden Hinkekästchen auf den Bürgersteig gemalt, dort konnte man in Himmel und Hölle hopsen.
Manchmal gab es Murmeln. Die Einfachen waren tönern und zersprangen leicht, wenn sie auf den Boden fielen. Die Besonderen waren aus Glas, schillerten in allen Farben und waren äußerst beliebt. Wir bohrten ein Loch in den Boden, zogen in einiger Entfernung einen Strich quer zum Loch, von dort aus wurde gerollt. Wer die meisten Murmeln ins Loch oder nah daran gerollt hatte, war der Sieger. Am Ende aber bekam jeder seine eigenen Murmeln zurück.

Immer habe ich unter der Enge und unter dem Lautsein gelitten, ja, richtig gelitten. Nach Flucht und Lager und Quarantäne hatten wir nun wieder eine Wohnung. Dennoch war mir alles zu eng.
In der alten Kaserne hatte ich mir einen Platz geschaffen, an dem ich ganz allein sein konnte. Von den wunderschönen Kastanienbäumen, die dort standen, suchte ich mir den aus, dessen Äste dem Boden am nächsten waren. Aus Ziegelsteinen baute ich mir eine Treppe, sodass ich auf den Baum klettern konnte. Sehr mühsam zog ich ein Brett, das ich

gefunden hatte, auf den Baum, und legte es zwischen dicke Äste. An der Unterseite des Brettes befanden sich ein paar Haken und Nägel. Von diesem Sitz aus konnte ich die Straße beobachten und sehen, wer zu uns kam. Manche von Mutters Kundinnen ließen uns die Stoffreste da, daraus nähte ich kleine Säckchen, in denen ich meine Schätze verwahrte: einen schönen Stein, ein Schneckenhaus, eine Glasmurmel. Mein größter Schatz war ein Radiergummi. Ich brauchte ihn nicht, wir schrieben fast ausschließlich auf die Schiefertafel, dafür brauchte man einen nassen und einen trockenen Lappen. Aber schon damals wusste ich: Es kommt der Tag, an dem ich nur noch auf Papier schreiben werde. Die Säckchen hängte ich an die Nägel und Haken unter meinem Brett im Baum. Da waren sie sowohl vor neugierigen Blicken und Dieben als auch vor Wind und Wetter geschützt.
Diesem Kastanienbaum erzählte ich alles, was mich bewegte. Es war ein stummer und sehr geduldiger Gefährte. Wenn ich nach langer Krankheit wieder zum Spielen nach draußen gehen durfte, ging ich zuerst zu meinem Baum und sang ihm mein Lieblingslied: Ich bin wieder gesu-hund!

Noch immer herrschte große Not, besonders bei der Beschaffung von Nahrungsmitteln. Was die Menschen für die Lebensmittelkarten bekommen sollten, gab es oft gar nicht. Zudem waren die Zuteilungen äußerst knapp bemessen. Unsere Mutter achtete streng darauf, dass das, was wir kaufen

konnten, genau eingeteilt wurde, damit nicht in den letzten Tagen der Dekade nichts mehr zu Essen übrig war.
Das Brot wurde eingeteilt wie folgt: Am Morgen gab es eine trockene Schnitte, die wurde in die Mehlsuppe gebrockt. Für die Schule gab es eine Schnitte, ebenso am Nachmittag, und am Abend gab es zwei Scheiben Brot. Wenn wir am Nachmittag vom Spielen kamen und eine zweite Scheibe Brot erbaten, sagten die Frauen: „Wenn du jetzt noch eine Stulle isst, gibt es heute Abend eine weniger." Und das wurde auch wirklich immer so gemacht.
Wir gingen dann ohne Brot weg, denn beim Spielen vergaß man den Hunger leichter als abends im Bett.
Diese strenge Einteilung sorgte dafür, dass wir an allen Tagen etwas zu essen hatten, wenn es auch wenig war.
Besonders schwer war es, eine Mittagsmahlzeit zuzubereiten. Es gab kaum Gemüse, auch Kartoffeln gab es nur selten zu kaufen. Sie wurden hauchdünn geschält, oft wurden auch die Schalen gekocht und zu einer Suppe verarbeitet. Über Monate hinweg gab es Kohlrüben. Sie wurden einfach nur mit Wasser gekocht, ohne jede weitere Zutat, weil anderes nicht vorhanden war. Es schmeckte wirklich scheußlich, aber weil wir Hunger hatten, aßen wir, ohne zu Murren.

Es war die Zeit der Hamsterfahrten. Wer noch irgend etwas zum Tauschen hatte, fuhr in die ländlichen Gebiete und tauschte es gegen Nahrungsmittel ein. Bei uns gab es nichts

zu tauschen, wir hatten nur das, was wir dringend zum Leben brauchten, und davon nicht einmal genug.
So ging unsere Mutter mit anderen Frauen Ähren lesen. Wenn das Feld gemäht und das Getreide eingefahren war, ließen viele Bauern Frauen auf die Felder, damit sie sich das Liegengebliebene aufsammeln, auflesen, konnten. Manche Felder erreichten die Frauen zu Fuß, andere, weiter entfernt liegende, waren nur mit der Bahn zu erreichen. Wenn unsere Mutter auf dem Feld arbeitete, konnte sie zwar für zusätzliche Nahrung sorgen, bestenfalls, sie verdiente jedoch nichts an diesen Tagen. Da war es doppelt schlimm, wenn sie auch noch mit dem Zug fahren und Fahrgeld zahlen musste. Es war ein ständiger Kampf ums Überleben.
Natürlich gab es auch Bauern, die die Frauen vertrieben. Sie liefen mit Stöcken und Peitschen hinter ihnen her, manche hetzten gar ihre Hunde auf die Frauen.
Die Gespräche über solche Ereignisse hörten wir Kinder, und wieder war ich in großer Sorge, dass unserer Mutter etwas zustoßen könnte. Einmal, als sie wieder Ähren lesen war, wurde mir die Zeit besonders lang; sie kam und kam nicht nach Hause.
Endlich sah ich sie über den Nikolaiplatz kommen. Ich rannte ihr entgegen, breitete die Arme aus und erkannte: Es war gar nicht Mutter, ich hatte mich geirrt. Ich setzte mich auf die Bordsteinkannte und weinte. Auch dieses Mal kam sie unbeschadet nach Hause, hatte sogar etwas mitgebracht.

Ich aber war vom langen Warten so erschöpft, dass ich mich nicht richtig freuen konnte.

Am Abend wurde regelmäßig der Strom abgeschaltet. Es gab zu wenig Strom, also wurde eine Zeit der Stromsperre eingeführt.

Im Sommer merkten wir nichts davon. Es war noch hell, wir Kinder spielten, die Frauen gingen ihrer Arbeit nach. Im Winter aber, wenn es schon dunkel war, konnte niemand mehr etwas tun. Dann saßen wir beieinander, die Frauen, wir Kinder, meist kam noch meine Cousine Sieglinde von der anderen Flurseite zu uns. Wir sangen viele Lieder, es wurde erzählt, Großmutter machte das Ofentürdel des Kachelofens auf und las aus den glühenden Holzscheiten, die durcheinander fielen, die wunderbarsten Geschichten: Warum die Schweine keine Haare haben, woher das Rotkehlchen sein rotes Kehlchen hat, warum die Hunde sich immer am Schwanz rumschnüffeln, und natürlich zahlreiche Rübezahlgeschichten aus dem Riesengebirge, ihrer Heimat. Ich fühle noch deutlich, wie schade ich es fand, wenn das Licht anging.

Unsere Schlafstube war mittlerweile bezugsfertig geworden. Der Fußboden war repariert, auch die Tür ins Wohnzimer hatte Sperrholzeinsätze bekommen und war nun eine richtige Tür. Dieser Raum hat bis heute für mich eine besondere Bedeutung. Meine Schwester und ich hatten, obwohl wir schon Schulkinder waren, Gitterbetten. Sie standen hinter-

einander, es blieb ein wenig Platz bis zur Außenwand, an der das Fenster war. Oder waren es zwei Fenster? An der den Gitterbetten gegenüberliegenden Wand stand das Bett unserer Mutter. Daneben ein Schrank. Hinter dem Schrank war eine Tür, sie war nur vom Flur aus zu sehen, von innen verdeckte sie der Schrank. An der Wand gegenüber der Fensterseite stand das Bett von Großmutter. Es endete kurz vor der Tür. Die Tür, aus Holzteilen zusammengestückelt, liebte ich sehr. Sie hatte eine breite Lücke zwischen den Teilen, weil das Holz sich verzogen hatte, und ließ das Licht aus dem Wohnzimmer in mein finsteres Bett scheinen.
Mein Bett stand vorn. Auch tagsüber lag ich oft darin, weil ich oft krank war. Ich sollte zur Türe schauen, weil meine entzündeten Augen das Licht nicht ertrugen, sagte Mutter. Aber ich drehte mich im Bett um, schaute aus dem Fenster. Ich sah den Himmel und – wenn ich den Kopf hob – die Kronen der Lindenbäume auf der Straße und die der Kastanienbäume in der Kaserne. Ich stellte mir meinen Baum vor, mit dem Brett darin und den Säckchen, die unter dem Brett hingen, und träumte davon, meinem Baum mein Lieblingslied zu singen: Ich bin wieder gesu-hund.
In diesem Bett, in dieser Stube verbrachte ich viele einsame Tage.

Meine Spiele waren Sprache. Sich einen Satz ausdenken und zählen, wie oft jeder einzelne Buchstabe darin vorkommt. Sich vorstellen, alles hieße anders: Bett heißt Tisch, und Tisch heißt Kopf, und Kopf heißt Schrank, und Schrank heißt Wald, und Wald heißt Stift, und damit Geschichten schreiben. Alles im Kopf, Papier zum Schreiben gab es nicht. Woher haben Zigeuner ihren Namen? Weil sie rumziehen und gaunern, macht Ziehgäuner. Orthographisch falsch, aber sonst?

Wo bleibt die Zeit? Die Tage fallen hinter einen hohen Vorhang und kommen ab Neujahr von unten heraus wieder zum Vorschein. Wenn ich Fieber hatte, ging die Einsamkeit schneller vorbei.

Einmal übte ich Kopfstand im Bett. Als ich es schon richtig gut konnte, kam Mutter mit dem Arzt herein. Der lachte nur, aber Mutter dachte, dass der Arzt denkt, sie habe ihn umsonst gerufen; es setzte eine Tracht Prügel, krank hin oder her.

Abends gingen meine Schwester und ich gleichzeitig ins Bett.

Mutter betete mit uns, manchmal sangen wir ein Lied. Wenn Mutter die Tür geschlossen hatte, das sanfte Licht zu uns durch den Spalt der verzogenen Türfüllung hereinschien, kroch ich in das Bett meiner Schwester und das Ritual um Susi begann. Niemals kam meine Schwester in mein Bett, sie sagte, ich sei zu knochig, sie stoße sich an mir. Ich stieg über das Fußende meines und das Kopfende ihres Bettes, schlüpfte unter ihr Deckbett, und wir hielten gemeinsam

Susi in unseren Händen. Susi war ein Stoffhund, weiß mit braunen Flecken. Ich wünschte mir nichts mehr als einen richtigen, lebendigen Hund. Meine Schwester wünschte sich auch einen Hund. So beteten wir nach dem Nachtgebet noch unser eigenes: Lieber Gott, mach, dass die Susi morgen ein richtiger, lebendiger Hund ist. Wir flüsterten, damit Mutter nichts hörte, das konnte Ärger geben. Danach wurde Susi auf die Erde gelegt, genau in die Mitte zwischen dem Kopf- und Fußende unserer Betten.

Manchmal dachte ich mir noch eine Geschichte aus und erzählte sie meiner Schwester. Irgendwann kroch ich zurück in mein Bett.

Wenn ich am Morgen aufwachte, schaute ich gleichermaßen angst- und hoffnungsvoll auf Susi. Morgen für Morgen saß sie so, wie wir sie am Abend hingelegt hatten, zwischen unseren Betten.

Schon Jahre zuvor hatte ich beschlossen, dass alle Erwachsenen lügen. Ganz hinten in meinem Herzen weitete ich diese Erkenntnis aus auf die Äußerung meiner Mutter: „Wenn man Gott nur so recht von Herzen um etwas bittet, erfüllt er die Bitte."

Ich *bat* Gott von Herzen, Abend für Abend, aber Susi blieb ein Stoffhund.

Am Sonntagmorgen kroch ich zu Mutter ins Bett.

Noch immer war ich froh, wenn ich aufstehen durfte, die an-

deren schliefen alle länger. Mutter war wach, aber sie machte die Augen nicht auf, das konnte und konnte ich nicht begreifen.
Aufwachen, Augen aufmachen, aufstehen und schauen, was alles passiert war, während ich schlief – das war mein Morgen.

Im glutheißen Sommer 1948 lag meine Schwester in ihrem Gitterbett und kämpfte mit furchtbarem Fieber. Mutter erzählte mir, dass das Fieber Malaria heißt, und meine angstvolle Frage, ob sie daran sterben kann, bejahte sie.
Es war die sogenannte Drei-Tage-Malaria: Drei Tage stieg das Fieber, drei Tage blieb es so hoch, dass sie kaum bei Bewusstsein war, drei Tage fiel es, danach war meine Schwester drei Tage fieberfrei. Die fieberfreien Tage habe ich in schlimmerer Erinnerung als die anderen, weil sie jedesmal die Hoffnung nährten, die Krankheit sei überstanden.
Trotz aller Zweifel und Enttäuschungen versuchte ich es noch einmal mit diesem Gott, der lieb genannt wird: Ich versprach, immer am Bett meiner Schwester zu sitzen und aufzupassen, dass sie nicht stirbt. Aber wenn ich nicht aufpassen konnte, weil ich in die Schule gehen musste, oder in den Chor, oder in den Religionsunterricht, dann sollte er aufpassen.
Vier Monate lang saß ich am Bett meiner Schwester und passte auf, dass sie nicht starb.

Großmutter sagte oft zu mir: „Kind, geh spielen! Sie sieht dich doch gar nicht!“ Aber Mutter sagte: „Lass sie! Wer weiß, warum sie da sitzt.“

Und diesmal war Gott wirklich lieb, erledigte seinen Teil der Wachen gewissenhaft, und meine Schwester wurde gesund.

Wenn wir draußen spielten und ins Haus gerufen wurden, öffnete sich dazu das Fenster der Schlafstube. Ich kannte das Geräusch, es machte mich traurig, weil es mich in die Enge der Wohnung rief.

Wenn Mutter rief, gingen wir sofort ins Haus, bei Großmutter war das anders. Sie rief: „Doris, Christl!“, und schloss das Fenster wieder. Wir spielten weiter. Nach einer Weile erneut das Geräusch des sich öffnenden Fensters und Großmutters Stimme: „Doris, Christl!“ Wir riefen: „Jaha!“, und spielten weiter. Beim dritten Anlauf wurde es ernst! Sehr entschlossen öffneten sich die beiden Fensterflügel, in scharfem Ton schallte es zu uns heraus: „Dorris, Chrrristl!“, und klapp, knallten die Holzrahmen aneinander. Da waren wir auch schon drin.

In einer Nacht zog meine Schwester statt des Nachttopfes ihren Hausschuh unter dem Bett hervor und machte dort rein. Danach wollte sie den Hausschuh nicht mehr anziehen.

Nachdem wir umgezogen waren, von der geliebten Märkischen Heide, den Seen, den Birkenwäldchen und dem sommerheißen Sand, erst da merkte ich, wie lieb und wichtig

mir die Schlafstube gewesen war, obwohl ich nicht einmal mehr genau wusste, ob sie ein oder zwei Fenster hatte.
Nach den Unruhen der vorangegangenen Jahre habe ich die Zeit in Brandenburg als gleichmäßig, als ruhende Insel in Erinnerung.
Am frühen Morgen standen die Frauen auf. Großmutter machte Feuer im Herd, im Winter auch im Kachelofen in der Stube. Danach weckte sie uns Kinder. Wochenweise musste eine von uns den Frühstückstisch decken. Sie stand zuerst auf. Wenn ich länger liegenbleiben durfte, lauschte ich den Geräuschen aus der Küche: Wie das Wasser für die Mehlsuppe – Milch gab es nur selten – in den Topf geschüttet wurde. Dem Rascheln der Mehltüte beim Öffnen und Schließen. Wie der Löffel am Topfrand abgeklopft wurde, damit nur ja kein Stäubchen Mehl vergeudet wurde. Und dann das schönste Geräusch, wenn Großmutter mit dem Quirl das Mehl verrührte. Sie trug an ihrer rechten Hand zwei Ringe, den eigenen Ehering und den ihrers verstorbenen Ehemannes. Wenn sie nun den Quirl in den Händen drehte, klapperte der Stiel in einem bestimmten Rhythmus über die Ringe, das war meine Morgenmusik.
Die den Tisch deckte, hatte eine schwere Aufgabe. Wir hatten nur drei Teller, der vierte wurde ersetzt durch einen roten Blechnapf. Den Napf hatte unsere Mutter von der russischen Familie mitgebracht, bei der sie arbeitete; es war deren Hundenapf gewesen. Als der Hund gestorben war, sollte

sie den Napf wegwerfen. Weil wir aber so dringend einen vierten Teller brauchten, nahm sie ihn mit nach Hause.
Ich glaube, dass wir Kinder zu dem Zeitpunkt nicht wussten, wer vor uns aus dem Napf gegessen hatte, die Frauen aber wussten es. Für uns war wichtig, dass in dem Napf die Suppe viel schwerer abkühlte. Also stellte man ihn natürlich der Schwester hin. Die änderte das im Vorübergehen. Wenn dieses Veränderungsspiel mehrmals vollzogen war, nahm Großmutter still das Schüsselchen, stellte es an ihren Platz: fertig.
Am Tisch wurde auf einem Holzbrett für jeden Teller eine Schnitte trockenes Brot in kleine, gleichmäßige Vierecke geschnitten, in den Teller geschüttet, die Suppe darauf geschöpft. Komm, Herr Jesu, und endlich gab es Frühstück.
Wenn ich, erwachsen geworden, meine Großmutter in der DDR besuchte, bat ich sie, mir einmal eine Mehlsuppe zu kochen. Nirgendwo schmeckte sie so wie bei ihr. Sie lachte darüber und sagte: „Die olle Kriegsplörre!"
1959 aß ich die Suppe zum letzten Mal.

In Brandenburg war es auch, dass wir erstmals in einen Kinderchor gingen. Mutter achtete sehr darauf, uns trotz der schlechten Zeiten möglichst viel Wissen zu vermitteln. Wir sangen im Kinderchor der Kirchengemeinde, das kostete nichts. Der Kantor der Gemeinde hieß Herr Bothe und war sehr streng. Bei meiner ersten Chorprobe wurde ein Stück eingeübt, bei dem ein Junge eine Solopartie sang. Er war kaum älter als ich, und er sang so wunderschön, dass ich ihn immer anschauen musste. Darüber verpasste ich den Einsatz. Herr Bothe hat mächtig geschimpft und gesagt, wenn ich noch nicht einmal richtig einsetzen könne, solle ich mit dem Chorsingen noch ein Jahr warten. Das habe ich natürlich nicht gemacht, ich habe stattdessen besser aufgepasst. Oft sangen wir im Gottesdienst, das war besonders schön; wir wurden von der Gemeinde gelobt.

Während der Sommermonate gingen wir Stubben buddeln. Die Wälder waren abgeholzt, die Menschen hatten die Bäume zu Feuerholz gemacht. Aber die Stubben, die Baumstümpfe, waren noch im Boden. Sie wurden ausgegraben, nach Hause transportiert und verheizt. Das schreibt sich leicht und liest sich leicht, es war aber eine Arbeit, die der der Stahl- oder Bergwerksarbeiter gleich kam. Die Frauen waren beide klein, und von der langen Zeit der Not vollkommen ausgemergelt. Das Ausbuddeln wurde noch erschwert durch den Boden der Märkischen Heide: Sand wohin man sah.

Es gab zwei oder drei Schaufeln und eine Axt. Die Frauen gruben um den Stubben herum ein Loch, das so tief war, dass sie von außen nicht mehr zu sehen waren. Mit der Axt wurden die Wurzeln abgeschlagen. Immer wieder rutschte der Sand nach, verschüttete, was schon freigelegt war. Wenn der Stubben freigeschaufelt war, wurden an einer Seite in den Rand des Loches Stufen geschlagen. Darüber sollte der gewaltige Klotz nach oben transportiert werden. Man kann sich vorstellen, wie schwer es war, den Klotz aus dem Loch zu bekommen. Aber es war zusätzlich auch noch gefährlich, denn wenn er abstürzte, konnte er die Frauen im Loch unter sich begraben. Wenn das Holz am oberen Ende des Loches sichtbar wurde, mussten wir Kinder ziehen, um das Zurückrollen zu verhindern.

Es war jedesmal eine große Freude, wenn das erarbeitete Stück sichtbar wurde und man wusste: Jetzt muss es nur noch nach Hause gebracht werden.

Wir Kinder hatten die Aufgabe, die Löcher zuzuschaufeln. Das ging natürlich sehr viel schneller als das Ausgraben, und so blieb uns viel Zeit, um in den Löchern zu spielen. Wieder war es meine Schwester, die mir mit viel Lebensweisheit die Welt erklärte. Wenn wir dort unten im warmen Sand saßen, sagte sie: „Wenn man hier immer weitergraben würde, käme man nach Amerika." „Und wo ist Amerika?", fragte ich. „Na, hier unten drunter. Ganz tief unten drunter." Und dann schwärmte sie von diesem sagenhaften Land, als hätte sie die Hälfte ihres Lebens dort verbracht. „Da gibt es alles!", sagte sie in überzeugendem Ton, „einfach alles. Da brauchst du nicht mit Klapperlatschen im Schnee zu laufen, da gibt es Schuhe für alle. Es gibt so viel zu essen, dass die Menschen es gar nicht aufessen können. Und was es da alles

gibt! Schokolade und Milch und Brot und Butter – alles was du möchtest.“ „Und wirklich von allem ganz viel?“, wollte ich wissen. Sie bestätigte das wieder und wieder.
Schließlich nahm dieses Spiel, das feste Regeln hatte, damit ein Ende, dass meine Schester sagte: „In Amerika gibt es sogar Bananen und Apfelsinen!“ „Und wie sind Bananen und Apfelsinen?“ Darauf machte sie eine energische Handbewegung, sagte: „Ach, das weiß ich doch auch nicht!“, und das Spiel war zu Ende. Aber es gab ja ein neues Loch, da konnte es wieder neu beginnen.
Immer, wenn einige Stubben ausgegraben waren, transportierten wir sie auf einem Handwagen nach Hause. Der Weg war weit, und durch den sandigen Boden war es besonders beschwerlich. Die Räder versanken unter der Last im tiefen Sand. Bis so eine Fuhre zusammen gekommen war, ließen wir die Baumstümpfe liegen, wo sie ausgegraben wurden.
Dann aber gab es einen Zwischenfall, an den ich mich deutlich erinnere. Wir waren bei der Arbeit, als ein Fuhrwerk kam, ein großer Wagen mit einem Pferd davor. Die Menschen luden einen großen Haufen ausgebuddelter Stubben auf ihren Wagen, grüßten freundlich und wünschten uns gutes Gelingen, dann fuhren sie davon. Kurze Zeit später kamen andere Leute mit einem Wagen, standen verzweifelt an der leeren Stelle, an der sie das Holz gelagert hatten: Es war gestohlen worden!
Von da an nahmen wir an jedem Abend das mit, was die

Frauen ausgegraben hatten. Unser Wägelchen war niedrig, die Räder hatten einen Durchmesser von zehn, zwölf Zentimetern. Auch der Rand um die Tragfläche herum war sehr niedrig, so dass der schwere Klotz mehr als einmal herunterfiel. Wir Kinder mussten schieben, die Frauen zogen an der Deichsel, die besonders im Sand hin- und herschlug – es war eine unbeschreibliche Schinderei. Aber die Gefahr, dass es uns so gehen könnte, wie den Menschen, denen alles gestohlen wurde, war zu groß.

Ich hatte immer viel Durst. Wenn wir zu Hause waren, das Holz im Hof in Sicherheit gebracht worden war, rannte ich so schnell ich konnte an den Ausguss im Hausflur, dort konnte ich Wasser trinken. Das war mir verboten, weil das Wasser nicht sauber war; man sollte es abkochen, bevor man es trank. Aber ich war immer schnell genug, um den größten Durst zu löschen.

Wenn die schwere Arbeit des Ausgrabens und Transportierens getan war, mussten die Stubben zerkleinert werden. Auch das machte unsere Mutter. Ich sehe sie im Hof stehen, mit der Axt und einem Keil, den sie ins Holz trieb, um zuerst kleinere Stücke zu machen. Die hackte sie so zurecht, dass sie ins Ofenloch passten. Von dieser Arbeit, die wohl die schwerste war, die sie getan hat, bekam sie Oberarme wie ein Stahlarbeiter. Dafür hat sie sich immer geschämt.

Im Winter 1948/49 hätte sich unser Wunsch nach einem

Hund beinahe erfüllt. Eva, die Freundin meiner Schwester, hatte uns am Nachmittag besucht, wir begleiteten sie nach Hause. Vor einem hohen Holztor, einer Einfahrt zu einem Gehöft, das Bauernhof genannt wurde, saß ein junger Hund. Es war ein winziges Bündelchen, das winselnd am Boden kauerte und gleich auf uns zukam. Wir waren uns einig, dass das Kerlchen, als das Tor offenstand, rausgelaufen war und verpasst hatte, rechtzeitig auf den Hof zurückzukehren. Ich kletterte auf das Tor, bekam das Tier angereicht, sprang in den Hof, setzte den kleinen Hund ab und war ruckzuck wieder auf der Straße bei den Mädchen.

Als meine Schwester und ich zurückkamen, saß der Hund wieder dort. Zunächst suchten wir gründlich nach einer Möglichkeit im Tor, die der Hund ausnutzen und auf die Straße gelangen konnte. Da das nicht der Fall war, konnte es nur einen Grund geben, dass wir ihn zweimal verlassen aufgefunden hatten: Er wurde ausgesetzt. Wir nahmen ihn mit nach Hause. Meine Schwester barg ihn in ihrem Mantel. Mit klopfendem Herzen kamen wir bei den Frauen an und zeigten unseren Fund. Wortreich erzählten wir, dass wir dem Hund von unserem Essen etwas abgäben, dass wir bei Wind und Wetter mit ihm spazieren gingen und uns auch sonst immer um ihn kümmern würden, wenn wir ihn nur behalten dürften.

Als großen Trumpf sagte meine Schwester: „Ich hab auch schon geguckt, es ist ein Mädchen. Das bekommt bestimmt im nächsten Jahr Junge. Die verkaufen wir, und von dem Geld können wir ganz viel Futter kaufen."

All das nutzte nichts. Mutter sagte, was wir im Grunde schon vorher gewusst hatten: „Es geht nicht! So ein Hund wird größer und größer, dann frisst er uns die Haare vom Kopf. Außerdem darf man das, was man gefunden hat, nicht einfach behalten, das bringt man zum Fundbüro."

Von unserer Theorie, das Tier sei ausgesetzt worden, wollte sie nichts wissen. Sie machte sich auch gleich auf den Weg, meine Schwester durfte sie begleiten.

Die Beiden kamen in einem Beamtenzimmer an, erzählten die Geschichte, meine Schwester setzte das, was sie so sehnlichst behalten wollte, auf den Schreibtisch, und einer der Männer sagte: „Das gibt einen feinen Sonntagsbraten!" Meine Schwester schrie, raffte den Hund und wollte auf und davon. Die anderen Männer beschwichtigten sie, sagten, dass der, der das gesagt hatte, immer so blöde Witze mache, dem Tier würde nichts geschehen. Und sie fügten hinzu: „Du kannst ihn ja mal besuchen, wenn du Zeit hast. Und weißt du, mit einer Fundsache ist das so, dass der, der sie gefunden hat, sie behalten darf, wenn der Besitzer sie nach einem Jahr nicht abgeholt hat."

Am nächsten Tag besuchten wir unseren Hund im Beamtenzimmer. Ich hatte gerade vormittags Schule, sodass wir gemeinsam dorthin gehen konnten. Die Männer hatten dem Welpen ein Eckchen eingerichtet, wir hatten etwas von unserem Pausenbrot aufgehoben, das war mir sehr schwer gefallen. Wir spielten ein Weilchen mit dem Hund, gaben ihm unser Stückchen Brot, freuten uns auf den Tag in einem Jahr, an dem er ganz zu uns kommen würde, und gingen nach Hause.

So ging es einige Tage. Natürlich bemerkte Großmutter unser Zuspätkommen. Aber auch auf eindringlichste Fragen gaben wir keine Auskunft.

Und dann war der Hund weg! Die Männer schauten in die Papiere auf ihren Schreibtischen, als sie sagten, der Besitzer habe sich gefunden und seinen Hund wieder mitgenommen.

Viele Jahre später erzählte uns unsere Mutter, dass sie damals in großer Sorge gewesen sei, weil wir täglich zu spät aus der Schule kamen, den Grund jedoch nicht preisgeben wollten. Großmutter ist uns heimlich nachgegangen, hat gesehen, was da geschah, den Männern gesagt, was zu sagen war – und aus war es mit unserem Hund.

Ich aber habe lange Zeit geglaubt, dass es beinah doch geklappt hätte mit der Erfüllung der allabendlichen Bitte, dass aus der Stoffsusi ein richtiger, lebendiger Hund werden möge, nur Mutter hatte nicht mitgespielt.

Das Schönste war und blieb für mich die Schule.

Ich ging so gerne hin, hatte an allem Freude, was es dort zu lernen gab, konnte nicht genug bekommen. Wenn ich wie meine Schwester vormittags Schule hatte, gingen wir den

Weg gemeinsam. Mittags musste ich alleine gehen, weil kein Kind aus der Nachbarschaft in meiner Klasse war.

Auf dem Nikolaiplatz, der mit Platten gepflastert war, durfte ich nicht auf die Ritzen treten, weil wir sonst eine Rechenarbeit schrieben. Im Wall, durch den ich nicht gehen sollte, hüpfte ich auf einem Bein, damit ich null Fehler im Diktat hatte. Wenn ich in die Nähe der Schule kam und kein Kind mehr sah, musste ich rennen, damit ich nicht zu spät kam.

Zum ersten Mal im Leben hatte ich eine Freundin. Sie hieß Helga und wohnte in der Nähe der Fontaneschule. Wir sahen uns hauptsächlich in der Schule; sie durfte mich nicht besuchen, weil ihre Eltern ihr nicht erlaubten, allein zu uns zu gehen. Ich aber war ab und zu nachmittags dort und wir spielten zusammen.

In der Schule gab es eine Schülerbücherei.

Das war etwas für mich! Bald hatte ich alle Bücher gelesen, die ich während eines Schuljahres ausleihen durfte. Zu Hause bekam ich oft Ärger, weil ich immer nur lesen wollte, Zeit und Stunde und auch meine kleinen Pflichten vergaß.

Meine Lieblingsbücher waren die der Pfäfflingsfamilie. Es gab mehrere Fortsetzungen, und wenn ich alle durchgelesen hatte, fing ich mit dem ersten Band wieder an. Mein Liebling der Familie war Frieder. Er war so alt wie ich und wollte auch immer nur lesen. Genau wie ich bekam er immer wieder gesagt, dass es ein böses Ende mit ihm nehmen werde, wenn er die Nase nur immer in Bücher stecke.

In den Fortsetzungsbänden jedoch konnte ich lesen, dass doch etwas Gutes und Richtiges aus ihm geworden war. So gab ich auch für mich die Hoffnung nicht auf.
Leider war ich oft und lange krank, sodass ich immer wieder nur sehnsüchtig an die Schule denken konnte.

Ein immer größeres Problem wurde die Beschaffung unserer Kleidung. Es war zu wenig Geld da, aber oft gab es auch gar nichts zu kaufen. Aus einem ihrer letzten Kleider nähte Mutter ein Kleid für mich, weil ich nichts mehr zum Anziehen hatte. Es war ein dunkelgrünes Samtkleid, das sehr weich und angenehm auf der Haut war. Es hatte kurze Ärmel mit cremefarbenen Aufschlägen und einem ebensolchen Kragen. Immer, wenn ich es trug, erinnerte mich die Farbe an die Flaschen auf dem Dachboden meines Patenonkels und an die herrlichen Zeiten, die ich dort oben verbracht hatte.
Zuerst durfte ich es nur am Sonntag anziehen, aber als es endgültig zu klein zu werden drohte, wurde es ein Schulkleid.

Brandenburg a. d. Havel, etwa 1948
Christl, Mutter, Großmutter, Doris (von links)

In meiner Schulzeit trugen die Mädchen Schürzen.
Es gab einfache, die wir bei der Arbeit umbanden, und sehr schön verzierte, mit Rüschen an den Trägern oder mit gepaspelten Rändern. Die waren für sonntags oder für die Schule.
Wir Kinder brauchten zur Schule keine Schürzen umzubinden, Mutter fand das „arbeitsmäßig und kleinstädtisch". Das galt als sehr fortschrittlich, und ich war immer stolz darauf. Und nun durfte ich auch noch das schöne Sonntagskleid zur Schule anziehen.
Kleidung, die uns zu klein geworden war, bekam unsere Cousine. Das fiel uns oft schwer, solche Lieblingssachen abzugeben, wenn wir auch einsahen, dass wir sie selbst nicht mehr tragen konnten. So war es auch mit dem Samtkleid, ich wollte es nicht hergeben.
An einem ersten warmen Frühlingstag sollte ich es ein letztes Mal zum Kindergottesdienst anziehen, danach sollte es verschenkt werden. Auf dem Heimweg von der Kirche hatte ich einen Zusammenstoß mit einem Radfahrer. Er war viel zu schnell und zudem auf dem Bürgersteig unterwegs, ich stürzte zu Boden, er fuhr einfach weiter. An Verletzungen, die ich sicherlich hatte, kann ich mich nicht erinnern, nur daran, dass das Kleid zerfetzt war.
Es konnte auch nicht geflickt werden, und obwohl ich mich dafür schämte, freute ich mich doch, dass die Cousine das Kleid nun nicht bekommen konnte. Großmutter nahm es als Scheuerlappen. Als sie die Dielen in der Küche blüten-

weiß gescheuert hatte und mit dem Samtkleid-Lappen nachwischte, war die Küche grün. Großmutter war schrecklich wütend, zumal sie auch noch den Spott ertragen musste: „Was ist das denn?", fragte Mutter, „hast du Gras gesät?" Es dauerte einige Tage und mehrere erneute Scheueraktionen, bis die Spuren verschwunden waren. Aber letztendlich hat sie doch mit uns darüber gelacht.

In diesen Zeiten großer Not gab es viel gegenseitige Hilfsbereitschaft, aber auch ebensoviel Neid und Missgunst. Mutter bekam das zu spüren, als sie Bezugscheine erbat, um für uns Kinder Strümpfe zu kaufen. Die Bezugscheine gab es bei der Straßenobmännin. Die für uns zuständige wohnte nur zwei Häuser von uns entfernt.
Mit den Strümpfen war das so: Es gab keine Strumpfhosen, sondern lange Strümpfe für die kalte Jahreszeit. Um sie zu befestigen, hatten Mädchen wie Jungen Leibchen an mit Lochgummibändern rechts und links. Am oberen Strumpfrand war ein Knopf angenäht, der in das Gummiband eingeknöpft wurde, so konnte der Strumpf nicht rutschen. Natürlich waren die Strümpfe immer zu kurz, so dass wir an dem nackten Stück zwischen Strumpf und Schlüpfer froren.
Schlimmer aber war es, wenn die Füße zu klein wurden. Die dann schon sehr dünnen Spitzen und Fersen waren schnell durchgescheuert. Die Löcher wurden immer wieder gestopft, so lange, bis es wirklich nicht mehr ging.

Unsere Mutter, die immer eine Lösung fand, wollte einerseits nicht, dass ihre Kinder so geflickt rumliefen, konnte andererseits aber oft nichts Neues beschaffen.
Einmal hatte es auf Bezugschein ganz viel Stopftwist gegeben. So viel Strümpfe hatten wir gar nicht, dass die Frauen all den Twist dafür hätten brauchen können. Mutter trennte die kaputten Fußteile von den Strumpfbeinen ab, und Großmutter strickte aus dem Twist buntgeringelte Bündchen. Stopftwist besteht aus mindestens sechs sehr dünnen Fäden, damit zu stricken war schwierig, und Großmutter schimpfte oft und sagte, es sei „eine elende Arbeit“, die sie da tun müsse. Und wenn es auch lange dauerte, bis ein Bündchen fertig war, irgendwann war es geschafft.
Nun nahm Mutter die Maschen vom Strumpfbein auf, weil Großmutter das nicht mehr sehen konnte, und zwar so, dass das Bündchen überstand. Wenn der Fuß gestrickt war, war nicht nur das Bein länger geworden, es war auch ein wärmender Fuß entstanden. Und das Bündchen erweckte den Eindruck, wir hätten Strümpfe mit Söckchen an, das war zu der Zeit sehr modern.
Aber selbst mit diesem Hilfsprogramm waren die Strümpfe irgendwann kaputt.
Das war der Zeitpunkt, als Mutter zu der Straßenobmännin ging und Bezugscheine für Kinderstrümpfe erbat. Und was hörte sie dort? „Sie“, sagte die Frau, „Sie kriegen gar nichts! Ihre Kinder haben ja noch Strümpfe mit Söckchen an!“

O, wie wütend war unsere Mutter! Sie kam nach Hause, ich musste meine Strümpfe ausziehen, mit denen ging sie noch einmal zu der Herrin über Neues, und zeigte, was in mühseliger Arbeit entstanden war. Und dann gab es auch Bezugscheine und neue Strümpfe.

Herbstzeit war bei uns Geburtstagszeit.
Der Geburtstag unserer Mutter war im Sommer, die anderen Familienmitglieder waren Herbst- oder Winterkinder.
Es begann mit dem Geburtstag der Großmutter am 28. Oktober. Am 3. November folgte der meiner Schwester, und am Tag vor dem Heiligen Abend war ich als Letzte im Jahr dran.
Mittendrin die Adventszeit mit der frohen Erwartung auf das Weihnachtsfest, mit all den schönen Liedern, die wir zu Hause, im Chor und im Religionsunterricht sangen.
Zu den Kindergeburtstagen backte Mutter Terrassen. Das sind dreistöckige Plätzchen, jedes kleiner als das darunter, die mit Marmelade zusammengeklebt wurden.
Es gab auch immer ein kleines Geschenk, meist etwas Nützliches zum Anziehen. Einmal aber bekam ich einen Ring mit einem blauen Stein, zu einem anderen Geburtstag eine Puppe. Sie war sehr groß und aus Porzellan, sie hatte aufgemalte Zopfschnecken und Schlafaugen. Ich nannte sie Monika, und obwohl ich gar nicht gerne mit Puppen spielte, liebte ich meine Monika sehr.

In der Adventszeit des Jahres 1948 nähte Mutter für eine Familie, deren Tochter zur Weihnacht ein Kleid bekommen sollte. Weil das Kind meine Größe hatte, ließ Mutter mich das Kleid anprobieren. Dazu wurde ich auf den Tisch gestellt, Mutter steckte hier etwas ab, ließ dort ein wenig Naht aus, maß die richtige Länge ab.
Es war ein wunderbares Kleid! Der Stoff war kariert in mehreren Blautönen, mit einem weißen Fadenkaro darin. Er war weich und warm, ich beneidete das Kind bei jeder Anprobe um solch ein schönes Geschenk. Ein Kleid aus ganz neuem Stoff zu bekommen, nicht aus zwei, drei alten Kleidern zusammengestückelt, der Stoff gewendet, das war etwas ganz Besonderes.

Am Weihnachtsabend, nach Gottesdienst und Abendessen, nach der schier endlosen Wartezeit im Schlafzimmer, bis das Christkind endlich das Hereinkommen in die Stube erlaubte, an diesem Weihnachtsabend hing da das Kleid, das Mutter für das fremde Kind genäht hatte.
Es war mein Geschenk!
Ich konnte es nicht fassen, lange Zeit war ich besorgt, was denn nun das andere Kind geschenkt bekäme.

Die Krankheit

Im Sommer 1949 ging es mir häufig schlecht.
Mein Fräulein Püppge hatte inzwischen geheiratet und hieß nun Frau Wilsky. Wenn sie merkte, dass es mir während des Unterrichts nicht gut ging, schickte sie mich nach Hause. Sie gab mir ein anderes Mädchen zur Begleitung mit, damit ich den weiten Weg nicht allein gehen musste.
Wir gingen durch den Wall. Auf mein Bitten setzten wir uns auf eine Bank. Nach einiger Zeit sagte ich dem Kind, es könne nun ganz getrost wieder zur Schule zurückgehen, den Rest des Weges würde ich allein schaffen. Ich ging aber nicht nach Hause, sondern wartete, bis der Unterricht für mich ohnehin zu Ende gewesen wäre. Zu Hause erzählte ich nichts davon, keinesfalls wollte ich krank sein und zu Hause bleiben müssen.
Mein Zustand verschlechterte sich, ließ sich nicht mehr verbergen. Ich kam für zwei Wochen ins Krankenhaus. Es wurden viele Untersuchungen vorgenommen, aber es konnte keine Krankheit festgestellt werden.
Ich kam wieder nach Hause, ging wieder in die Schule, aber es ging mir nicht besser.
Einmal, als ich wieder vor Schulschluss nach Hause geschickt wurde, dort aber nicht früher angekommen war, kam meine Lehrerin abends zu meiner Mutter, die ein Kleid für sie nähte.
Frau Wilsky fragte: „Na, geht's der Christl wieder besser?"

So kam die Geschichte ans Tageslicht.
Als die Sommerferien begannen, wurde ich erneut ins Krankenhaus eingeliefert. Es begann eine Leidenszeit, die mein Leben veränderte.

Als die Ärzte auch nach Wochen keinen Befund hatten, wurde ich am Blinddarm operiert. Ich wurde auf einen Wagen gelegt und über den Flur zum Aufzug gerollt. Diesen Flur, über den ich so macht- und hilflos gerollt werden konnte, wann immer man es wünschte, diesen Flur habe ich mein Kinderleben lang gefürchtet. Der Aufzug war ein Gefängnis, die Gefangenschaft schien endlos.
Ich kam das erste Mal in einen Operationssaal. Alles war mit kalten, sauberen Kacheln bedeckt: Die Wände, die Hocker, die Fußböden. Ich lag auf dem Wagen und hatte oben und unten und an beiden Seiten noch viel Platz. Eine Schwester kam. „Na?", sagte sie. Ich wusste, dass mir der Blinddarm herausgenommen werden sollte, dass ich dabei schlafen und nach dem Erwachen Schmerzen haben würde. Die Schwester hatte ein Ding in der Hand, aus Draht geflochten, etwa fünf Zentimeter im Durchmesser, und etwa ebenso hoch. Und ein weißes Stück Stoff hatte sie in der Hand.
„Kannst du schon zählen?"
„Hm."
Sie steckte mir das Drahtding auf die Nase, legte den Stoff darüber und sagte, ich solle zählen. Gleichzeitig fing es ent-

setzlich an zu riechen. Ich ertrinke, dachte ich, ich ertrinke, und wollte das Drahtding von meiner Nase nehmen.
„Nun zähl mal schön.“, sagte die Schwester. „Eins, zwei, drei“, – ich kann nicht, meine Augen sind müde. Meine Finger werden dick wie Leberwürste, meinen Beinen wachsen Klumpfüße wie den Elefanten.
„Zählen“, sagte die Schwester, „zählen!“
Die Kacheln kamen auf mich los, das Drahtgestell wurde mein Gefängnis, ich bekam keine Luft mehr.
„Vier, fünf, sechs, sieben“ „Schön weiterzählen!“, kam die Stimme dröhnend von sehr weit her, „schön zählen!“
Was kommt nach sieben?
Ich kann doch weiter zählen als bis sieben, ich geh doch in die 4. Klasse.
„Acht, neun –“, nein, nein, nehmt das Gefängnis von mir. Ich ertrinke. Mutti! Mutti!
„Zählen, schön weiterzählen!“
„Zeh, zeh, zeh“ – weg bin ich.
Sie haben mich in die gleißende Sommersonne gelegt.
Ich koche, bin sehr durstig und kann die Augen nicht öffnen. Jemand klopft meine Wange: „Na, endlich wach?“
Habe ich denn geschlafen? Etwas liegt auf meinem Bauch. Es schmerzt. Ich will es herunter nehmen.
„Nein,“ sagt eine Stimme, „das muss schön liegen bleiben. Das ist ein Sandsack, damit der Bauch schnell zuheilt.“
Ich öffne die Augen. Es ist ein Saal mit etwa dreißig Betten

um mich herum. Eine Schwester ist bei mir – ich schlafe wieder ein.
Durstig bin ich, so durstig.
Mutter ist da, ein Kind schreit, das Licht blendet mich so.
„Nimm mich mit nach Hause!“ „Ach, Kind.“, sagt Mutter.
Ich bin so durstig.
„Morgen darfst du die Lippen anfeuchten.“
Es ist so laut im Saal. Alle frisch Operierten kommen in den Saal, weil dort die Kontrolle einfacher ist als in mehreren kleinen Zimmern. Immer wieder schlafe ich ein, erwache, bin geblendet, erschrecke vom Lärm, habe Schmerzen, bin durstig, durstig, durstig.

Ich weine. Die Tränen laufen in meinen Mund, ich kann sie trinken, aber sie löschen nicht meinen Durst. Am Abend kommt Mutter noch einmal. Ich flehe sie an, mich mitzunehmen. Oder mir wenigstens etwas zu trinken zu geben. Ein Junge hat einen Kopfverband, ein Baby weint ununterbrochen.
Ich habe hohes Fieber, meine Füße sind Elefantenfüße, mein Kopf reicht bis Amerika.
Am frühen Morgen kommt Mutter, danach Großmutter, danach komme ich in ein kleineres Zimmer in einer Nische am Ende des Flures.
Es wird meine Welt für ein halbes Jahr.
Am frühen Vormittag bekam ich eine Spritze, tagtäglich.

In den ersten Monaten meines Krankenhausaufenthaltes, als ich noch kräftig genug war zu gehen, wurde ich ins Verbandszimmer gerufen und ging dorthin. Die Spritze bekam ich in die Vene, meist in der Armbeuge.
Je mehr Zeit verstrich, umso mehr fürchtete ich mich vor dem Augenblick am frühen Vormittag. Am linken Arm hatte ich eine Rollvene, deshalb wurde der rechte bevorzugt. Bald war die Stelle so zerstochen, dass die Schwestern nach anderen Einstichstellen suchten. Es ging auch nicht an jedem Tag gleich gut. Manchmal war eine Schwester da, die nicht sicher spritzte. An anderen Tagen war die Schwester vielleicht in Eile, nicht gut gelaunt, oder ich war so voller Angst, dass ich jedesmal zurückzuckte, wenn die Kanüle näher kam. Der Augenblick nach dem Einstich, in dem der Kolben in der Spritze zurückgezogen wurde, gehörte zu den angstvollsten in meinem Krankenhausleben: Kam Blut in die Spritze, hatte ich es für diesen Tag geschafft.
An einem Morgen kam ich ins Verbandszimmer und fand eine Schwester dort, die mich nicht mochte, und die auch ich nicht leiden konnte.
Wir sahen uns an und wussten, wie es um uns stand.
Ich weiß, was ich zu tun habe: Auf den Stuhl gegenüber der Schwester muss ich mich setzen. Er ist zu hoch für kleine Kinder, ich stelle nur die Zehenspitzen auf den Fußboden, lege den Unterarm auf die Fläche meiner Oberschenkel, die zerstochene, vernarbte Stelle zum Einstechen nach oben.

Den Arm durch die Schlinge der schwarzen Abbindeschlaufe stecken, Arm wieder ablegen, ruhig halten. Der Zeigefinger der Schwester streicht vorsichtig über die Vene. „Na," sagt sie, „das wird wohl hier heute nichts." Sie löst die Schnalle der Abbindschlaufe, prüft den anderen Arm.

Sie nimmt meine Hand, prüft die Venen auf dem Handrücken.

Auch das scheint nicht gut zu sein.

„Zieh mal die Strümpfe aus."

Ich ziehe Hausschuhe und Socken aus, zeige widerstandslos meine Fußrücken. Ich habe so große Angst. Die Schwester und ich mögen uns nicht.

„Nee," sagt sie, „dann wolln wir mal hier versuchen."

Sie nimmt meine linke Hand, dreht die Innenseite nach oben, wo es im Pulsbereich wirklich viele Adern gibt, die aber alle so aussehen, als könne die Kanüle sie niemals treffen.

Die Schlaufe befestigen, strammziehen, eine Faust machen – die Spritze wächst und wächst.

Die Nadel ist so dick wie eine Makkaroni, meine Hand zittert.

„Na, na," sagt die Schwester, „der Kopf bleibt ja dran."

Wieso der Kopf, sie sticht doch in die Hand.

Die Schwester sticht, trifft, beim Hochziehen des Kolbens ist Blut in der Spritze. Gerade will ich erleichtert aufatmen, da geht ein Schmerz von der Einstichstelle aus durch den Arm,

den ganzen Körper, es sticht und reißt in mir, ich sage, dass es so weh tut.
„Ist ja gleich vorbei. Du kennst das ja nun so langsam,“ sagt die Schwester vor mir. Es tut so weh, so weh, es wird mich zerreißen. Die Schwester verschwimmt vor mir in schwarzen Punkten, ich möchte in Ohnmacht fallen, in dieses erlösende, schmerzbefreiende Nichts, aber ich spüre weiter den Schmerz, der mich zerreißt. Ich sage noch einmal, dass es so schrecklich weh tut, dann muss ich schreien. „Hör auf!“, sagt sie, aber ich kann nicht aufhören zu schreien. Ich habe wirklich Angst, dass ich zerrissen werde von dieser Riesenspritze mit der Makkaroninadel, ich schreie, dass die Stationsschwester ins Verbandszimmer gelaufen kommt.
„Rausziehen! Menschenskind, ziehen Sie raus!“, sagt sie, und die Makkaroninadel wird aus meinem Handgelenk entfernt.
Sofort wird die Einstichstelle ein kleiner Blut-Springbrunnen, auf den die Stationsschwester einen Tupfer presst.
„Ist ja gut, ist ja gut,“ sagt sie lieb zu mir. Und zu der Schwester, die ich nicht mag: „Pressen Sie mal!“
Vorsichtig werde ich hochgehoben, auf das Ledersofa mit den frischen duftenden Laken gelegt und gefragt, ob es noch weh tut. Ich weiß es nicht genau, weil meine Angst so groß ist wie der Schmerz. Immer wieder schaut die Stationsschwester unter den Tupfer, wo es noch immer sprudelnd blutet. Sie sagt, dass die Schwester das Pulsbecken getroffen

hat. Pulsader, Puls fühlen, Pulswärmer, Pulsadern aufschneiden, Pulsbecken – sterbe ich jetzt? Tut sterben so weh?
Ich weine. Die Stationsschwester nimmt einen meiner Zöpfe, kitzelt mich unter der Nase und sagt: „Nu isses ja gut. Der Kopf ist ja noch dran."
Wieso denn eigentlich immer der Kopf?
In der Besuchszeit, als meine Mutter kommt, ist man sorgfältig darauf bedacht, mich nicht mit ihr allein zu lassen. Auf ihre Frage, warum ich einen Verband am linken Handgelenk trage, bekommt sie die Antwort, ich hätte „nach der Spritze etwas nachgeblutet".
An diesem Nachmittag nehme ich mir vor, derartige Vorfälle meiner Familie schriftlich mitzuteilen.
Kindern sollte viel mehr erklärt werden als Erwachsenen.
Kinder haben nicht Angst vor der Gefahr, sondern Kinder haben Angst vor dem Unbekannten. Es kommt wie ungeheure Riesenschlangen auf sie zugekrochen, und es gibt nur eine Möglichkeit, sie zu vertreiben: Die Kinder müssen schreiben. Wenn sie zum Schreiben zu schwach sind, können sie nur noch weinen.
Es sollte eine schwierige Untersuchung der Nieren vorgenommen werden. Der Termin war angesetzt für den Samstag. Zufällig war es ein Tag, an dem meine Mutter mich nicht besuchen konnte; ich glaubte, es war in all den Monaten der einzige Tag, an dem sie nicht ins Krankenhaus kam. Auch Großmutter war nicht da, um zu mir zu kommen. Vor-

bereitet auf diese Untersuchung wurde ich von meiner Mutter. Ihr wurde all dieses Leidvolle gesagt, sie übermittelte es mir. Als sie das Zimmer betrat, sah ich an ihrem Gesicht, an der Art, wie sie sich bewegte, mich begrüßte, dass etwas Unangenehmes bevorstand. Ich hatte zu lesen gelernt in Gesichtern und Körpern und Gesten.

Wir sprachen miteinander, erzählten, dann sagte sie: „Du sollst untersucht werden." „Aha!", sagte ich, und war froh, dass es endlich soweit war, darüber zu sprechen.

„Deine Nieren sollen in leerem und gefülltem Zustand untersucht werden. Dazu ist es notwendig, dass du einen Tag lang nichts zu essen bekommst."

„Gar nichts?"

„Nein, gar nichts."

„Hm, und wann ist die Untersuchung?"

„Am Samstag. Am Freitag bekommst du nichts zu essen."

„Tut es weh?" „Was?" „Die Untersuchung."

„Bestimmt. Sie werden mit der Spritze direkt in die Nieren stechen, um sie zu füllen."

Schweigen.

„Am Samstag?"

„Ja."

„Aber das ist doch der Tag, an dem du nicht kommen kannst."

„Ja, aber wir sind alle bei dir!"

„Kann keiner kommen?"

Kopfschütteln. Ich kämpfe mit den Tränen, mit der Angst und mit dem Ich-will-es-nicht.

Da spielt meine Mutter ihren großen Trumpf aus.

„Die Stationsschwester hat gesagt, dass ich dir am Sonntag Kuchen mitbringen darf. Wir backen ein Blech Streuselkuchen und bringen es mit."

Ich bin überwältigt! Die Hälfte ist überwunden. Wie groß kann der zu ertragende Schmerz sein für Streuselkuchen? Wenn er zum Bäcker getragen wird zum Backen, bekommt man schon einen Vorgeschmack, weil man unter dem sauberen Geschirrtuch hier und da einen Streuselbrocken naschen kann. Später wird die duftende Kostbarkeit nach Hause getragen.

Streuselkuchen, ganz viel, für mich allein!

Der Freitag kommt. Ich will tapfer sein.

Nichts zu essen, nichts zu trinken. Wenn Lisa ihr Essen bekommt, wenn sie etwas aus ihrem wohlgefüllten Nachttisch nimmt und isst, wenn es in meinem Bauch kneift und in den Augen brennt, krieche ich unter die Decke und will tapfer sein.

Die Schwestern sagen, ich sei ein gutes Kind, ein großes Mädchen, ein tapferes Mädchen. Ich freue mich auf den Streuselkuchen.

Am Samstagmorgen, als die Nachtschwester die Thermometer steckt, frage ich, wann ich dran bin.

„Dran womit?"

„Mit der Untersuchung."

„O, das wird noch dauern."

Als der Tagdienst kommt, um mich zu waschen, frage ich, wann ich dran bin.

„Dran womit?"

„Mit der Untersuchung."

„Nach dem Frühstück."

Nach dem Frühstück? Ich bekomme doch gar kein Frühstück.

Als meine liebe Schwester Ruth kommt, frage ich wieder und wieder, wann ich dran bin. Wenn eine Schwester an unserem Zimmer vorbei geht, frage ich, wann ich dran bin. Bis sie sagen, ich soll die Fragerei lassen, ich würde schon geholt.

Mein Bett wird weit wie eine Wüste. Mein Hunger verschwindet, ich schwebe in der Wüste. Die Geräusche dröhnen und verebben. Jeder Schritt auf dem Flur macht Herzklopfen, das ungehört verhallt.

Als Lisa ihren Nachmittagskaffee bekommt, frage ich leise, wann ich dran bin.

„Dran womit?"

„Mit der Untersuchung."

Die Schwester macht runde Augen, verlässt rasch unser Zimmer. Bald darauf kommt Schwester Ruth mit meiner normalen Mittagsmahlzeit und sagt: „Sie haben dich vergessen, Kind. Die Untersuchung ist für Montag neu angesetzt."

Ich fasse es nicht!
Ich weine und verkrieche mich unter der Decke.
Sie kommen alle und sagen, dass ich nun essen muss, dass es nicht gut ist, wenn ich weine, dass ich doch Hunger hätte, dass sie nicht verstehen, warum ich nicht esse.
Verstehen? Verstehe ich denn, warum sie mich vergessen haben?
Vergessen! Einen Tag lang kein Essen und kein Trinken, und dann vergessen!
Wer versteht denn, dass die Untersuchung auf keinen Fall am Montag gemacht werden darf? Dann muss ich doch am Sonntag fasten, und was wird dann aus dem Streuselkuchen?
Ich weine und weine. Meine Mutter kann nicht kommen und nicht meine Großmutter.
Es ist kein Arm da, der mich drückt, kein Geruch, den ich kenne, keine Stimme, die mich tröstet. Die Schwestern sagen nur, ich hätte keinen Grund zu weinen, ich hätte ja essen können. Der Sonntag ist eine einzige Qual.
Zur Besuchszeit wird die Glasscheibe in die Türfüllung geschoben, und dann passiert es: Meine Mutter kommt, das Blech mit dem Kuchen, der noch mit dem Geschirrtuch bedeckt ist, kommt um die Ecke, hat das Blech auf einer Hand über der Schulter, wie ein Kellner, das Blech mit meinem Kuchen, den ich nicht essen darf.
Ich hatte gehofft, dass eine Schwester ihr all das Unglück erzählen würde, sodass ich den Kuchen wenigstens nicht

sehen musste.
Nur Mutter, lieb und vertraut, ohne Kuchen.
Aber bei so etwas drückten sich alle gern. Mutter kommt mit dem Kuchen.
Ich weine den ganzen Sonntag, die ganze Nacht. Eine Nachtschwester sieht häufig nach mir, ich weine und weine.
Ich denke an zu Hause, an mein Gitterbett und an meine Schwester, an mein Haus im Kastanienbaum und an die Versteckspiele im Dunkeln.
Angst, Heimweh, Schmerzen und Hunger vermischen sich.
Die Nachtschwester sagt, ich solle schlafen, nicht weinen.
Ich frage die Schwester, warum ich nichts essen darf.
„Damit die Nieren leer sind.“, sagt sie, und geht.
Die Nieren? Ich denke, das Essen geht in den Magen.
Geht es in die Nieren?
Und wenn meine Nieren doch ohnehin nicht arbeiten, nehmen sie doch gar kein Essen auf.
Was eigentlich arbeiten Nieren?
Sticht man in die Nieren durch den Bauch? Angstvoll messe ich mit Daumen und Zeigefinger, wie dick ich vom Bauch bis zum Rücken bin. Ich denke an die Makkaroninadel im Verbandszimmer. Vielleicht stechen sie von hinten? Wehtun tut es am meisten hinten. Vielleicht muss ich auch einen Schlauch schlucken, mit Kanülen vorne dran, die dann in die Nieren eingestochen werden.
Wie groß, wie alt, wie tapfer sind Kinder mit zehn?

Als Thermometer gesteckt werden, fühle ich mich so hohl wie ein alter Baum.

Noch bevor Lisa ihr Frühstück bekommt, es ist noch dunkel draußen, und in unserem Zimmer brennt das Licht, werde ich ganz früh geholt.

Ich werde auf den Wagen gelegt und habe solche Angst, solch große, große Angst. Der Wagen wird über den Flur gerollt und ich versuche mir vorzustellen, die Decke, an die ich schauen muss, sei der Himmel über meinem Kastanienbaum. Aber ich habe nur Angst. Keine Träne ist mehr in mir, nachher wird Mutter kommen, dann wird es leichter.

Im Fahrstuhl werde ich nach unten gefahren, die große Türe öffnet sich zum OP. Ich werde in den U-OP geschoben, das U steht für „Untersuchung".

Riesige glänzende Geräte greifen mit scharfen Klauen nach mir. Weiße Kittel ersticken mich, Gerüche machen mich schwindeln. Ich denke: „Wenn ich nur laufen könnte! Ich wollte schon fortlaufen von hier."

Ich kann schon lange nicht mehr laufen. Ich bin fast 11 Jahre alt, normal groß und wiege etwas mehr als 40 Pfund. Damit kann man nicht laufen. Und schon gar nicht weglaufen.

Latschen bewegen sich, Handschuhe werden mit Seife gewaschen. Ich werde behutsam von meinem Wagen auf einen Behandlungstisch gehoben und auf den Bauch gelegt. Mein Nachthemd wird aufgerollt, und eine Schwester, die ich nicht kenne, streichelt mich und sagt, ich sei sehr tapfer.

Doktor Milatz kommt. „Na, Christinchen?“, sagt er.
Ich denke, dass sie nicht durch den Bauch stechen können, wenn ich darauf liege. Und dass ich keinen Schlauch mit Kanülen dran schlucken kann, wenn sie mich so festbinden.
Sie stehen alle um mich herum. Einer reibt rechts und links an meinem Rücken etwas ab, der Doktor sagt, dass es nun ein bisschen weh tut.
Es tut nicht ein bisschen weh, es ist unerträglich!
Sie stechen mit der Nadel einfach in mich hinein.
Ich schwebe und verschwinde und möchte treten und schlagen, aber sie haben mich vorsorglich festgebunden.
Warum schreit denn keiner, wenn es so weh tut?
Ich denke an Mutter und Großmutter und meine Schwester und daran, dass es nicht ewig dauern kann. Kraft zu schreien oder auch nur Tränen habe ich nicht mehr.
Irgendwann liege ich wieder in meinem Bett bei Lisa im Zimmer, der Doktor und alle stehen herum und staunen, wie tapfer ich war. Nicht einen Ton hat man gehört!
Sie verstehen nichts!
Woher sollte ich die Kraft nehmen, mich zu wehren, nach tausend Stunden Hunger und Durst und Angst und Sehnsucht nach Streuselkuchen?

Von meiner Natur her war ich ein fröhliches Kind. Mutter erzählte oft und gern, dass ich mich so freuen konnte, dass mir Tränen über das Gesicht liefen. Die widrigen Umstände

aber, die meine Kindheit begleiteten, hatten mich traurig gemacht. Die ständigen Umzüge, die vielen Krankheiten, Not, Hunger, dabei war mir das Lachen vergangen.
Aber meine Fantasie war mir nicht verloren gegangen. Meine Familie brachte ich damit manchmal an den Rand der Verzweiflung, im Krankenhaus hatte ich immer ein dankbares Publikum.
Eine Weile lag ich in einem Vierbettzimmer.
Es sind schlimme Dinge dort an mir vorübergegangen.
Einmal war ein Mädchen bei uns, das an Herzerweiterung litt. Es hieß Antje.
Meine Mutter sang manchmal ein Lied vom Meer und Matrosen und Möwen, in dem hieß es: „Antje, Antje, hörst du nicht von Ferne das Schifferklavier".
Wenn ich die kleine, stille Antje anschaute, hörte ich dieses Lied. Sie hatte einen ungewöhnlich großen Kopf und bekam nur sonntags Besuch. Ich erinnere mich an einen Sonntag, an dem die Besucher hinter der Scheibe seltsam verhalten waren. Meine Mutter ging wieder und wieder fort und kam verweint zurück. Antjes Mutter war auch da, aber sie ging fort, bevor die Besuchszeit zu Ende war.

Häufig kam eine Schwester zu Antje. Nachdem die Besucher fort waren, wurde Antjes Bett aus unserem Zimmer herausgerollt und gleich danach wieder hereingefahren. Ohne Antje, sie war tot.

In diesem Viererzimmer habe ich viel Schimpfe bekommen. Weil ich so lustig sein konnte. Oder weil ich Dinge tat, die ganz normal waren. Ich dachte mir in meinem einsamen Bett viele Dinge aus. Die Sache mit dem dritten Auge ist bis heute meine größte Erfindung geblieben.
Lange Zeit hatte ich darüber nachgedacht, wo dieses dritte Auge am besten angebracht sei. Ich kam zu dem Schluss: An der Kuppe des kleinen Fingers meiner rechten Hand.
Die Kinder, denen ich davon erzählte, wollten mir nicht glauben.
Es war früher Morgen. Die Nachtschwester hatte die Thermometer eingesammelt, wir warteten auf den Tagdienst, der uns waschen und unsere Betten machen würde. Wir langweilten uns. Da fiel mir das mit dem Auge ein und ich erzählte davon. Als ich merkte, dass die Kinder meine Erfindung für unwahrscheinlich hielten, wollte ich Beweise erbringen. Ich schob meinen kleinen Finger unter die Matratze und sagte: „Oh, was sehe ich denn da? Ein bisschen Sauerkraut vom letzten Mittwoch! Und eine Leberwurststulle! So eine Sünde, wo so viele hungern müssen!“ Ich steckte den Finger in meine Haare und zählte Läuse. Ich legte mich hin, stellte mich schlafend und beobachtete mit dem dritten Auge das Geschehen im Zimmer. Ich sah durchs Schlüsselloch und in die Schnabeltasse, und schließlich ins Nasenloch – die Kinder lachten und johlten, wir hatten es so schön. Wir vergaßen das Leid und das Heimweh und die Langeweile,

wir lachten und freuten uns – bis eine Schwester kam und schimpfte.
„Natürlich!“, sagten sie immer, und sahen mich strafend an. Wer krank ist und im Bett liegen muss, soll wenigstens nicht lustig sein.

An einem anderen Tag hatte man uns Gute Nacht gesagt, aber wir waren noch nicht müde. Also erzählte ich Geschichten. Das tat ich zu Hause auch für meine sehr viel ernstere Schwester. Ich erzählte Geschichten vom Riesengebirge und vom Rübezahl, die ich von meiner Großmutter kannte. Von Klara, die den Vater fragt, warum die Schweine nackend herumlaufen, und die darauf die Antwort bekommt: „Weil sie keine Haare haben!“
Ich erzählte Geschichten, die mir meine Schwester erzählt hatte, von den Sternen, die so groß sind wie die Erde, und die nur deshalb so klein aussehen, weil sie weit, weit entfernt sind.
Und von Amerika, dem riesigen Land, in das man durch unermüdliches Graben kommt und in dem es keine Not gibt.
Und ich erzählte Geschichten, die ich mir ausdachte.
Die Kinder lachten und staunten, bettelten um mehr und erzählten ihrerseits Geschichten. Wir erlebten einen Hauch heimatlichen Vertrautseins – bis eine Schwester kam. Sie zündete das Licht an, und um den Zauber auch ganz zu vertreiben, schimpfte sie lange und laut, dass wir alle wecken

würden und keiner schlafen könne – sie sah mich dabei an. Und wer schläft, wenn die Schwester schreit?
Ganz früh am Morgen kam die Nachtschwester und steckte Thermometer. Das Licht wurde angeknipst, man wurde ein wenig an der Schulter gerüttelt: „Bist du wach?“, dann wurde das Thermometer unter den Arm gesteckt. Ich schlief fast jeden Morgen wieder ein, drehte mich auf den Bauch und zerbrach das Thermometer. Sie haben immer behauptet, ich täte es absichtlich, um die Schwestern zu ärgern. Manchmal musste meine Muter das Thermometer bezahlen, manchmal – was noch schlimmer war – ein neues besorgen. Es war Nachkriegszeit, und Fieberthermometer waren sehr schwer zu bekommen.
An einem klaren Wintersonntagmorgen dachte ich an zu Hause.
Die Betten waren gemacht, das Frühstücksgeschirr war abgeräumt, wir warteten auf die Besuchszeit. Ich dachte daran, wie meine Familie sich nun zu Hause für den Kirchgang vorbereitete, wie sie den weiten Weg zur Kirche gehen würden. Wir sangen im Kinderchor, meine Schwester und ich, mein Platz war leer, seit langem. Ich begann leise vor mich hinzusingen. Ich sang alle Lieder, die ich kannte. Manche Lieder sangen die Kinder mit, die anderen sang ich ihnen vor. Dabei kam mir die Idee, wir könnten einen Chor bilden. Ich dachte, es wäre gut, einen Kanon zu singen, das ist leicht und mehrstimmig und klingt gut. Nach kurzem Überlegen

entschied ich mich für den Kanon: „O wie wohl ist mir am Abend“. Der war einfach, die Kinder würden ihn rasch lernen. So war es auch. Bald schon konnten wir mehrstimmig singen. Wir freuten uns sehr darüber, sangen das kleine Stückchen immer eifriger, wohl auch immer lauter, bis eine Schwester kam. Sie hatte einen sauberen Kittel an, die Haube, die Schürze, alles war festlich für den Sonntag. Aber sie hatte ihr Inneres bei der festlichen Bereitung vergessen!
Lieber Gott, hat sie geschimpft! Ich glaubte, sie würde mich schlagen, das tat sie natürlich nicht.
Am allerwenigsten habe ich begriffen, warum sie behauptete, man könne am Sonntagmorgen nicht „O wie wohl ist mir am Abend“ singen.
Warum behauptete sie das? Sie hatte es doch gerade gehört, dass wir es konnten.
Meiner Mutter erzählten sie alle diese Sachen. Sie sagten, ich sei schwer erziehbar und Mutter würde noch viel Ärger mit mir bekommen. Ich bekam dann Schimpfe, nicht so doll, aber doch genug, um traurig zu sein. Manchmal sagte Mutter, wenn ich nicht artig sei, würden sie mich in ein anderes Krankenhaus verlegen, in dem Mutter und Großmutter mich nicht so oft besuchen könnten.
Wie schwer erziehbar ist ein Kind, das etwa die Hälfte seiner Kindheit im Bett verbringen muss?
An manchen Tagen hatte ich kalte Füße. Ich wurde am Morgen davon wach, bevor die Nachtschwester mich weckte,

und ich bekam den ganzen Tag keine warmen Füße. Ich machte mich klein, rollte mich zusammen, steckte die Füße unter mein Nachthemd.
Es nützte nichts. Ich rieb sie mit meinen Händen, wie Mutter oder Großmutter das machten, wenn wir im Winter kalt nach Hause kamen.
Es nützte nichts. Ich schlug die Füße unter der Decke aneinander, ich rutschte mit dem Kopf ans Fußende und steckte die kalten, feuchten Füße unter die mollige Wärme des Kopfkissens, ich wickelte sie in meine Handtücher.
Es nützte nichts. Ich litt so unter diesen kalten Füßen, dass ich es einmal der Schwester sagte. Was sie antwortete, weiß ich nicht mehr, aber als die nächste große Visite kam, mit vielen Schwestern und Ärzten, mit all den weißen Kitteln, die mir unheimlich waren, mit Schnüren und Mappen und Spritzen auf dem Wagen, der immer dabei war, da sagte die Schwester: „Ach ja, Herr Doktor, da war noch was. Sie hat immer so kalte Füße!"
Niemals werde ich das schallende Gelächter all dieser Kittel vergessen! Warum lachten sie? War es komisch, kalte Füße zu haben? Sie konnten sich doch überzeugen. Aber sie überzeugten sich nicht. Sie lachten nur, und Doktor Milatz sagte, ich solle halt dicke Socken anziehen, wenn ich im Bett fröre. Als ich sterbend war, bekam ich Tag und Nacht eine Wärmflasche ins Bett. Sie hatten bemerkt, dass ich immer so kalte Füße hatte.

Ich hatte die Gewohnheit, meine Nase nicht gründlich auszuschnauben. Dadurch oder auch aus einem ganz anderen Grund neigte ich zu Stirnhöhlenerkrankungen. Ein Arzt hatte gesagt, man solle mich nicht mit Nasentropfen behandeln, bevor ich nicht gelernt hatte, die Nase gründlich zu putzen. Im Krankenhaus, in dem man gesund werden möchte, kann man auch noch Krankheiten dazubekommen. Plötzlich war ich erkältet. Mein Kopf war schwer, die Nase war verstopft. Sie kamen mit Nasentropfen. All mein Warnen und Beteuern nutzte nichts, ich bekam die Tropfen.

Mutter machte in solchen Fällen ein Dampfbad für mich, strich heiße Butter auf den Nasenrücken, es gab Lindenblütentee und Holundersaft zu trinken, und bald war ich wieder gesund.

Nun bekam ich Nasentropfen. Nach ein paar Tagen weitete mein Kopf sich aus, die Stirn schien anzuschwellen, die Kopfhaut wurde zu eng, ich sagte Mutter, dass mein Kopf wohl platzen würde.

Als der Eiter sich in der Stirnhöhle festgesetzt und ich hohes Fieber bekommen hatte, ordnete der Arzt eine Spülung an. Mein Kopf wurde mit einer Flüssigkeit vollgepumpt. Alles wurde wieder abgesaugt, der Eiter sollte mit abfließen. Diese Behandlung wurde wiederholt, bis der Kopf wieder gesund war. Bei späteren Erkältungen bekam ich ein Dampfbad, um gesund zu werden.

Jedesmal, wenn eine Behandlungsmethode abgeschlossen

war, musste ich einen Wasserstoßtag machen. Morgens bekam ich viel Tee zu trinken, ich meine, es waren vier Liter. Hintereinander musste ich den Tee trinken, eine Schwester blieb bei mir stehen. Den restlichen Tag über bekam ich nichts mehr zu essen oder zu trinken. Der Urin, den ich ausschied, wurde gemessen, daran sollte die Tätigkeit der Nieren überprüft werden. Am Vorabend wurde mir dieser Wasserstoßtag jeweils angekündigt.

Ich fürchtete mich davor. Mein Bauch schwoll an von all dem Tee, den letzten Krug konnte ich kaum leeren. Der Tee reichte vom Bauch bis in die Augen, die überquollen und weinten. Er reichte bis in die Zehen, die Hände und bis in die Fingerspitzen. Ich konnte nichts mehr hinunterschlucken, ich war randvoll, musste würgen und mich weigern.

Manchmal wurden sie ärgerlich und schimpften, aber meist halfen sie mir geduldig.

Manchmal, ganz selten, kam auch Mutter, um mir zu helfen.

Wenn der Tee getrunken war, begann die nächste Qual. Halbstündlich musste ich aufs Becken, die Ausscheidungen wurden gemessen. Schon gegen Mittag hörte das Messen auf, weil mein Körper von den vielen Litern nichts mehr hergeben wollte. Ich wusste, wenn der Arzt mit dem Ergebnis nicht zufrieden war, würde es eine neue Behandlungsmethode geben und nach deren Abschluss einen neuen Wasserstoßtag. An einem solchen Tag hatte ich am Nachmittag solch großen Durst, dass ich in einem unbeobachteten Moment Wasser trank.

Längst lag ich nicht mehr in dem Vierbettzimmer, sondern teilte mir ein Zimmer mit Lisa.

Das Wasser zu erreichen war für mich eine schwierige Sache.

Ich konnte nicht mehr laufen, und aus dem Umkreis, den ich von meinem Bett aus erreichen konnte, hatte man jedwedes Ess- und Trinkbare entfernt.

In der Besuchszeit kam die Schwester nur, wenn geläutet wurde. Das nutzte ich aus. Ich setzte mich auf den Stuhl vor meinem Bett, rutschte samt Stuhl die zwei, drei Schritte bis zum Waschbecken, drehte den Hahn auf und trank.

Ich trank viel, viel Wasser, kam mühsam zurück in mein Bett und hatte eine so große Angst, was nun geschehen würde, dass ich zu zittern begann.

Mutter war sehr erschrocken über meinen Zustand.

Ich sagte ihr, was ich getan hatte. Da lachte sie und sagte: „Sags keinem, das ist jetzt unser Geheimnis. Und geschadet hat's bestimmt nicht. Vielleicht können sie sogar etwas mehr messen."

An einem anderen Wasserstoßtag nahm ich Lisa eine Salzgurke aus dem Nachttisch und aß sie auf.

Lisas Mutter brachte ihrem Kind viele Köstlichkeiten mit, Lisa hatte Tuberkulose und brauchte gutes Essen. Ich durfte all das nicht essen. Das Glas mit den Salzgurken stand unten in Lisas Nachttisch. Immer, wenn sie davon aß, gelüstete es mich sehr. Sicherlich hätte Lisa mir eine Gurke abgegeben, aber sie hätte mich auch verraten, wenn meine Werte sich verschlechtert hätten.

An diesem Tag musste ich fortwährend an die Salzgurken dort unten im Nachttisch denken. Lisa war zu einer längeren Untersuchung fort, als ich, von Hunger und Durst gequält, ununterbrochen an das Glas und seinen Inhalt dachte. Ich hatte Angst davor, zu stehlen, und ich hatte Angst vor den Folgen einer solchen Delikatesse. Ich bekam seit Monaten kein Salz, keine Gewürze. Trotz all dieser Bedenken hangelte ich mich zu Lisas Nachttisch, nahm eine Salzgurke und aß sie ganz langsam auf. Niemand hat etwas bemerkt, aber alle waren erschrocken über die schlechten Werte.

Es wurde Advent. Großmutter hatte Geburtstag, danach meine Schwester, die Festzeit begann.

Ich lag dort, war so ohne Kraft, wollte nichts sprechen, nichts essen, nur liegen und an zu Hause denken.

Zuweilen hob ich eine meiner Hände und hielt sie gegen das Licht, das durchs Fenster herein kam. Sie waren transparent, wie aus Papier, innen konnte ich die Knochen und Gelenke erkennen. Als ich es Mutter vorführte, weinte sie und nahm mich vorsichtig in die Arme. Warum weinte sie über dünne Hände? Das tat doch nicht weh.

Mutter und Großmutter brauchten nicht mehr hinter der

Glasscheibe stehen zu bleiben, wenn sie mich besuchten, sie durften zu mir ans Bett kommen. So oft und so lange sie wollten. Über diesen seltsamen Umstand habe ich mir keine Gedanken gemacht, es fiel mir gar nicht auf.

Einmal war eine fremde Frau hinter der Besuchszeitscheibe, die wieder und wieder suchend auf Lisa und mich schaute, fortging, nochmals wiederkam, schaute und ging. Als Mutter kam, fragte sie, ob ich Besuch gehabt hätte. Ich verneinte. Die fremde Frau war meine Tante Emmi gewesen, mit der wir im selben Haus wohnten, die mich einige Wochen nicht besucht hatte und mich nicht mehr erkannte.

Ich erkannte schon lange Zeit nur noch die Menschen, die ich täglich sah.

„Na," sagte Doktor Milatz eines Tages in dieser Zeit, als er mit Schwester Ruth zur Visite kam, „dann wollen wir sie mal alleine legen, denn nun ist es bald soweit."

Ich hatte die Augen geschlossen gehalten, als ich sie kommen hörte, er glaubte wohl, ich schliefe; Lisa war nicht im Zimmer. Da sagte er es einfach an meinem Bett. Ganz leise sagte er es zu Schwester Ruth, aber ich schlief nicht und hatte es gehört. Ich blieb so still liegen wie zuvor, bis sie fort waren. Und auch danach noch. Die Worte liefen in meinem Kopf umher wie flinke kleine Tiere.

Mein Kopf, mein Körper, mein ganzes Ich wussten, was diese Worte bedeuteten, die da gesprochen worden waren: Sterben sollte ich!

Alleine legen bedeutet immer sterben, das hatte ich gelernt. Aber ich war doch noch nicht einmal elf Jahre alt. Ich wollte nicht sterben. Und hier in diesem Zimmer, fern von zu Hause. Fern von meiner Schwester, die die Kinderstation nicht betreten durfte und die ich demnach mehr als ein Vierteljahr nicht gesehen hatte.

Geschichten fielen mir ein, dass Sterbende Schaum vor dem Mund haben und Blut spucken, aber ich fürchtete mich nicht. Ich lag da und lauschte den Worten nach, die ich gehört hatte – ich konnte es nicht fassen!

Sterben!

Ich wollte doch groß werden und Kinder bekommen.

Aber alleine legen heißt sterben.

Als Mutter am Nachmittag kam, sagten ihr die Schwestern, dass ich aus unbekannten Gründen seit Stunden weinte. Mutter kam.

Diesen Augenblick hatte ich gefürchtet. Sie war immer traurig, wenn wir krank waren. Außerdem hatte sie viele Sorgen, um uns lebend durch die schwere Nachkriegszeit zu bringen. Sie kämpfte um jedes Paar Socken, jedes Pfund Kartoffeln, jeden Mantelstoff. Sollte ich sie nun auch noch mit der furchtbaren Nachricht meines bevorstehenden Todes erschrecken? Ich hatte mir vorgenommen, ihr nichts zu erzählen. Und ich würde dagegen kämpfen, alleine gelegt zu werden, damit sie nichts merkte. Aber ich wusste nicht, wie schwer es ist, dieses Wissen zu haben und Mutter an meinem Bett, ich in ihrem Arm, bebend vor Schluchzen und Angst, und nichts von all dem zu erzählen.

Mutter war verzweifelt, sie fragte und fragte, aber ich konnte es doch nicht erzählen! Sie fragte, ob Großmutter kommen soll.

Ja, das war gut. Großmutter kam.

Sie hatte stets dunkle, weite Kleider an, zu Hause noch eine große Schürze darüber, viel Platz zum Verkriechen. Großmutter und ich liebten uns sehr. Ihr sagte ich, was ich gehört hatte. Und ich sagte ihr, warum Mutter nichts davon erfahren durfte. Da nahm sie meinen Kopf in ihre rauen, harten Hände und sagte: „Ach Mädel, das wissen wir doch schon lange!“

Das war das Beste an meinem Elternhaus, dass uns nichts vorgemacht wurde. Sie wussten es also schon. Ich nahm mein bisschen Kraft zusammen und machte Großmutter die schlimmsten Vorwürfe. Wenn sie es schon lange wüssten, dann könnten sie ja wohl für mich beten! Hatte Mutter nicht wieder und wieder beteuert, wenn man Gott inständig bäte, erfülle er die Bitte? So sollten sie doch beten, dass Gott es hörte, er würde mich schon gesund machen!

Wollten sie mich denn nicht mehr, weil ich so durchsichtig geworden war, keine Haare mehr hatte und nicht mehr laufen konnte?

Betet doch, betet, ihr seid doch zu dritt gesund!

Sie saß da auf meinem Bett, was verboten war. Ihre Hände

umschlossen mein Gesicht. Die Tränen liefen über ihr Gesicht, sie schaute mich an und hörte mir zu und nahm von Zeit zu Zeit ein großen Taschentuch, um mich und sich zu schneuzen, unsere Tränen zu trocknen.

„Ach Kind," sagte sie, „wir beten doch für dich!"

„Ja, aber nicht richtig! Nicht genug! Ihr müsst richtig doll beten, damit es hilft! Meint ihr, ich will sterben? Ich bin doch noch ein Kind. Kinder sterben doch nicht! Betet doch!"

Sie erklärte mir, immer weiter weinend, dass Gott sich nicht zwingen lässt. „Schau," sagte sie, „wenn du was nicht möchtest und die Muttel zwingt dich dazu, wie böse bist du dann! Wie wehrst du dich! Und wir sollen Gott zwingen, wenn er beschlossen hat, dein Leben zu beenden? Wir können es nicht! Gott lässt sich nicht zwingen!"

Sie ging und Mutter kam, und es war gut zu wissen, dass sie alles wusste, dass wir eins waren. Sie hielt mich in ihren Armen, und wir fühlten uns beide gleich kraftlos und kraftvoll. Ich begriff, dass sie wirklich keine Möglichkeit hatten, mich alleine durch Gebete zu retten. Auch Medikamente mussten helfen, bestimmte Nahrungsmittel mussten beschafft werden, ich musste es wollen und so selbst helfen.

Und ich wollte!

Als Erstes setzte ich durch, dass ich nicht alleine gelegt wurde. Ich blieb bei Lisa im Zimmer. Alle waren bereit, mit mir über meinen Tod zu sprechen, besonders Mutter und Großmutter. In den nicht enden wollenden schwarzen Nächten, in denen ich nicht schlafen konnte, stellte ich mir vor, wie sie mein Bett aus dem Zimmer rollen würden, wie damals Antjes Bett an jenem Sonntag. Sie hatte einfach nur geschlafen, kein Schaum, keine Tränen, kein Blut. Ich regelte in meinem Kopf, was mit meinem kleinen Besitz geschehen sollte. Ich hatte gar keine Angst, der Tod war mir nur an mir selbst begegnet, ich hatte noch keinen lieben Menschen verloren. Ich liebte die Heide, den weißen, warmen Sand, die Sonne, die Havel – würde ich im Sommer noch leben? Würden sie mit mir noch einmal dorthin fahren? Aber alleine legen heißt bald sterben, vor dem Sommer.

Die Tage kamen und gingen.

Mutter kam am Morgen, bevor sie zur Arbeit ging, nie wusste sie, ob sie mich am Abend noch lebend sehen würde.

Auch Großmutter kam mehrmals am Tag. Sie kamen nur für kurze Zeit, weil es mich so entkräftete, zu sprechen, die Augen offen zu halten, zuzuhören.

Einmal schickte ich Mutter fort. Sie hat so darüber geweint, es tat mir auch leid, aber ich konnte keinen Besuch mehr ertragen. Immer wieder flehte ich sie an, mich mit nach Hause zu nehmen, mich zu Hause sterben zu lassen.

Kurz vor Weihnachten fuhr meine Großmutter zu unserem Onkel Martin nach Görlitz, weil sie mein Leiden nicht mehr mit ansehen konnte. Das war für uns alle ein schwerer Schlag. Meine Schwester war nun tagsüber allein zu Haus, ich bekam nur noch morgens und abends Besuch; Mutter muss vor Angst und Sorge um mich dem Tod mindestens so nahe gewesen sein wie ich.

Viele Stunden des Tages verbrachte ich einfach daliegend, ohne klares Bewusstsein. Meine Beine, die mich nicht mehr trugen, fühlten sich dick und schwer an, mein Kopf hatte mit heranrollenden Wellen zu kämpfen. Ich stellte mir vor, wie mein Kastanienbaum aussah, unsere Straße, mein Bett, immer, immer wieder meine Schwester, die mir so unbeschreiblich fehlte. Ich konnte mir nicht vorstellen, dass sie mir bei einem Besuch eine Krankheit bringen könnte, die schrecklicher wäre als die Trennung von ihr.

Manchmal kamen Briefe von meinen Klassenkameradinnen. Sie erzählten mir von der Schule, die ich so liebte und die ich nur so wenig besuchen konnte. Eltern meiner Schulkameradinnen schickten mir Bücher, Esswaren, Spielsachen – ich war so weit von all dem entfernt, als sei ich schon tot.

Ich bekam keine Spritzen mehr und keine Wasserstöße, jeder Wunsch wurde mir erfüllt, man bewegte sich vorsichtig in unserem Zimmer, man sprach leise, wartete auf meinen Tod.

Ich wollte nicht sterben.

Sie sprachen von einem Wunder.

In diese Zeit fiel ein Tag, ein Tag wie alle Fest- und Feiertage auf einmal, ein Tag voll jubelnder Freude, voll Herzklopfen und Es-nicht-erwarten-können: Sie sagten, dass ich meinen Geburtstag und das Weihnachtsfest zu Hause feiern dürfe, wenn ich wolle.

Mein Geburtstag ist einen Tag vor dem Heiligen Abend. Er wurde während meiner Kindheit so gefeiert, dass ich niemals merkte, dass es ein sehr unpraktischer Tag ist für einen Geburtstag.
Nach Hause, zum Geburtstag, zu Weihnachten!
Sie würden mir mein Lieblingslied singen, morgens, wenn ich noch im Bett war. Die Kerze würde für mich brennen, der Kuchen für mich duften, Geschenke, und morgen würde Weihnachten sein.
Seit vier Monaten hatte ich das Krankenhaus nicht verlassen dürfen. So gerne würde ich mich an diese Tage zu Hause erinnern.
Aber es ist nichts in Erinnerung geblieben. Ich kann nichts sehen in meinem Herzen, alles ist verschwunden.
Wir bekamen zur Weihnacht einen Schlitten, auf dem ich niemals gefahren bin. Ich bekam eine Puppe, die einen Porzellankopf hatte, mit aufgemalter Schneckenfrisur, ich nannte sie Monika. Mutter hatte sie gegen ihren Trauring eingetauscht. Es war die einzige Puppe, die ich lieb gehabt habe. Mehr weiß ich nicht von diesen Tagen zu Hause. Alles ist überdröhnt, überschwemmt, fortgeweint von dem darauffolgenden Ereignis.
Das wurde eingeleitet damit, dass Mutter und auch mir gesagt wurde, ich dürfe während des Weihnachtsurlaubes alles essen und trinken. Später haben wir aus dieser Wahnsinnsidee, die Diät nicht einzuhalten, geschlossen, dass Doktor

Milatz mein qualvoll langsames Sterben beschleunigen wollte. Gleichzeitig wurde mir versichert, ich müsse zwar am 27. noch einmal ins Krankenhaus, um die Werte zu messen, um zu untersuchen, wie mir der Urlaub bekommen sei, aber am Silvestertag dürfe ich für immer nach Hause.
Wieder und wieder fragte ich: „Für immer?“ Und wieder und wieder sagten sie: „Ja, für immer!“
Sie hatten mich nie belogen, wenigstens Mutter nicht, und so glaubte ich ihnen. Vom 27. bis zum 31. ist nicht viel Zeit, ich lebte von dieser Hoffnung.
Auch diese Aussage habe ich später als Barmherzigkeit ausgelegt. Der Doktor glaubte: Wenn sie zu Hause alles isst, hat sie es Silvester überstanden.
Ich glaube nicht, dass Mutter mir etwas zu essen oder zu trinken gab, was mir hätte schaden können.
Und ich wollte nicht sterben!
Sie brachten mich zurück, zu Lisa ins Zimmer. Ich tauchte ein in die bekannten Geräusche von Schritten und Stimmen, Geschirrgeklapper und Türenklappen, wartete auf Silvester.
Die Tage sind verschwommen, das Warten spüre ich in allen Fasern der Erinnerung.
Silvester kam.
Der Tag war wie alle vorangegangenen. Niemand holte mich. Mutter kam, mich zu besuchen, aber sie nahm mich nicht mit. Weil ich es einfach nicht fassen konnte, ließ ich sie gehen.

Gleich, dachte ich, gleich werde ich geholt. Der Nachmittag verging, der Abend brach an. Lampen wurden angezündet. Allerorts herrschte eine festliche Stimmung. Die Schwestern waren sauber gekleidet, nur wenige Kinder waren noch auf der Station, auch Lisa und ich. Schwester Ruth kam mit dem Abendtablett, später mit den Medikamenten.

Sie hatten versprochen, Silvester dürfte ich heim, für immer.

Großmutter war fort, Mutter war zu Hause, ich lag da allein. Plötzlich schrie jemand. Lange und laut schrie ein Kind, ich hörte es, fühlte es, aber ich begriff nicht, dass ich dieses Kind war.

Sie kamen gelaufen.

Das Zimmer wurde klein wie eine Streichholzschachtel. Schwester Ruth hatte Platz in der Streichholzschachtel und ein paar andere – ich schrie und schrie.

Woher nimmt ein seit Wochen totgesagtes Kind die Kraft zu schreien?

Aus der Lüge! Sie hatten gesagt: „Silvester darfst du nach Hause, für immer."

Jemand holte Doktor Milatz. Er stand da, ratlos, und sagte: „Das hast du doch noch nie gemacht. Du warst doch immer so tapfer, Christinchen." „Aber ihr habt mir auch noch nie versprochen: Silvester darfst du nach Hause. Heute ist Silvester. Ich will nach Hause."

Aufregung, Fieber, Erschöpfung, Mutter wird geholt. O wie

gut, Mutter ist da. Ich bin nicht mehr so allein. Aber auch Mutter erlöst mich nicht, nimmt mich nicht mit. Ich kann und kann nicht aufhören zu schreien. Das Fieber steigt. Sei still, sei still. Die Streichholzschachtel ist feucht, heiß und eng. Nimm mich mit. Bitte, bitte, nimm mich mit, heute ist Silvester.

Nie werde ich diese Einsamkeit vergessen, erwachsen aus einer Barmherzigkeit, die sich als Lüge offenbarte.

„Ich kann nicht!"

Ich halte Mutter fest. Ich atme, weil sie atmet, lebe, weil sie lebt.

„Doris ist alleine.", sagt Mutter. Sofort lasse ich sie gehen. Und versinke in ein Nichts von Schmerz und Verlassenheit, Alleinsein und Todesahnung, Spritzenwirkung und die Hoffnungslosigkeit einer Elfjährigen.

Es ist der Jahreswechsel in die fünfziger Jahre.

Wie Regentropfen von winterkahlen Zweigen, so fielen die Tage nach Silvester in mein Leben. Sie sahen alle gleich aus, sie kamen unaufhörlich, sie tropften alle ins Nichts.

Ich machte mir von allem eine visuelle, begreifbare Vorstellung. Die Zeit stellte ich mir vor wie einen riesigen Vorhang, hinter den die Tage Abend für Abend fielen, wo sie, einem Komposthaufen ähnlich, sich wiederum zu Tagen erneuerten und unten als heller, leuchtender, freudespendender Sonnenschein wieder hervorkamen.

Hier, in dem kleinen Zimmer im Krankenhaus, wurden die

dunklen Nächte auch nach ihrer Umwandlung auf dem Komposthaufen der Zeit nur grau und trüb und traurig, nichts strahlte, nichts leuchtete.
Ich erkannte die Menschen am Schritt, auch die Besucher von Lisa, mit der ich nun schon lange zusammen lebte. Die Ohren waren mein Leben geworden, sie erweiterten meinen Gesichtskreis. Manchmal weinte ich, weil ich Heimweh hatte, nach meinem Bett, nach meiner kleinen sicheren Ecke zu Hause, nach meiner Schwester. Aber die Erinnerung an die Zeit nach Silvester ist schwach, verwaschen, alles Trauer, Warten, ja, auch Hoffnungslosigkeit.
Zu essen bekam ich nun etwas mehr.
Obst sollte ich essen. Das musste Mutter besorgen.
Mutter musste immer all das besorgen, was problematisch war. Sie brachte mir Äpfel, rote, leuchtende Äpfel. Die lagen auf meinem Nachttisch in einer Schale und glänzten. Fast täglich legte meine Mutter einen Apfel oben auf und sagte, den habe meine Schwester extra blank gerieben. Den aß ich immer zuletzt. Es bereitete mir Mühe, feste Nahrung zu mir zu nehmen. Meine Zähne hatten sich an die breiige Diät gewöhnt und schmerzten beim Kauen. Den ganzen Tag lang freute ich mich auf die kurze Zeit, wenn Mutter bei mir war. Wenn es aber soweit war, ertrug ich es fast nicht, zerriss mich das Weh, wenn sie ging und mich dort liegen ließ.
Lisa und ich wurden in ein anderes Zimmer verlegt, einmal war ein drittes Kind bei uns.

Morgens musste ich eine Tasse Karlsbader Salz trinken, das war schrecklicher als Lebertran. Wenn ich die Tasse leer getrunken hatte, dachte ich schon an den nächsten Morgen, an dem eine neue Tasse, voll, stinkend und unbeschreiblich salzig, vor mir stehen würde.

Ich wurde auf den Wagen gelegt und über den Flur gerollt. Nachts kam häufig eine Schwester, um nach mir zu sehen, mir eine neue Wärmflasche zu bringen, mich zu fragen, ob mir etwas fehle. „Schlaf doch!“, sagten sie, und wussten nicht, dass ich das bisschen Zeit, das mir noch blieb, doch nicht verschlafen konnte. Nichts ragt heraus aus diesen Tagen im Januar und Februar 1950.

Nichts?

Doch! Ein Ereignis, das mich verwunderte, bis heute verwundert. Es war nach der Morgenvisite. Ich war erschöpft, man hatte eine Untersuchung vorgenommen. Lisa war in ihrem Bett, still war es im Zimmer. Da stand plötzlich meine Schwester in der geöffneten Zimmertür. Stand da, so zart und klein, mit weißen Zöpfen, schaute Lisa an, dann mich. Ich dachte: „Jetzt sterbe ich! Wenn ich Doris sehe, dann ist es soweit.“ Da lief sie rasch auf mich zu. Wir umarmten uns, drückten uns, sprachen nur unsere Namen.

Ich spürte sie, roch sie, ich musste nicht sterben, sie war wirklich gekommen. Wir sahen uns an, drückten uns wieder, befühlten uns.

Keine Fragen, keine Zeitverschwendung, Ausnutzung jeder

Sekunde. Dann sagte sie: „Ich muss jetzt gehen.“ Kein Abschied. Sie ging, klein und ohne Hast, wie sie gekommen war. An der Tür zögerte sie, schaute mich wieder an, einen Augenblick lang glaubte ich, sie käme noch einmal zurück. Dann verschwand sie. Ich begleitete sie den Flur entlang, durch die Flügeltür, die Treppe hinunter – ach nein, ich lag ja hier.

Lisa fragte: „Wer war das denn?“ „Meine Schwester. Das war Doris!“ „Die darf doch hier gar nicht rein!“

Ja, das stimmte, die durfte hier gar nicht rein. Mutter wollte das Untersuchungsergebnis erfragen und hatte meine Schwester mitgenommen. Sie sollte in der Eingangshalle warten. Als die Pfortenschwester nicht schaute, lief meine Schwester rasch durch die Pendeltür und kam ungehindert zu mir. Mutter war sehr beunruhigt über ihr Verschwinden, hielt ihr vor, dass nicht recht war, was sie getan hatte. Sie antwortete: „Ich habe es einfach nicht mehr ausgehalten!“ Das ist genau das, was mit uns bei langen Trennungen geschah: Wir haben es nicht ausgehalten.

Als sie mir an einem Tag im Februar sagten, dass ich nun nach Hause dürfe, freute ich mich nicht. Ich hatte begriffen, dass sie mich gehen ließen, weil ich nur noch das Bett besetzte. Ich weiß nicht einmal mehr, wer mich abgeholt hat. Lisa hat so bitterlich geweint, obwohl wir keine Freunde waren. Aber ich konnte heim, sie musste bleiben.

Sie hat so geweint.

Ich habe meine letzte Tasse Karlsbader Salz hinter der Gardine auf dem Fensterbrett versteckt und wochenlang geglaubt, sie würden mir noch eine schreckliche Strafe nachtragen.

Westfalen schreibt man ohne h

Zu Hause wurde ich jeden Morgen angezogen und überall hingetragen: Zum Fenster, an den Tisch, ins Bett, in die Spielecke, in die Küche. Als ich mich im Spiegel sah, musste ich weinen. Aber ich war zu Hause.

An einem Tag hatte Mutter mir Kaffee gekocht und ein Brot geschmiert. Sie stellte alles auf unseren Tisch, setzte mich auf den Stuhl und sagte: „Tu dir Milch in den Kaffee und lass es dir schmecken." Die Milch war in einer grünen Glasflasche. Ein Liter passte hinein, aber sie war nur halbvoll.

Ich trank den Kaffee schwarz, ich konnte die Flasche nicht heben.

Dann konnte ich laufen. Wieder laufen. Langsam ging ich in die Küche, wo Mutter gerade den Abwasch machte.

Ich musste lachen und singen. Mutter weinte. Im März verließen wir unsere geliebte Heimat an Spree und Havel, die Vereinsstraße, den Nikolaiplatz, die Fontaneschule und alles andere, was uns nach den langen Monaten des Umherirrens vertraut geworden war, und siedelten in den Westen über. Doktor Milatz hatte Mutter empfohlen, mir in Westdeutschland eine Penicillin-Behandlung zu ermöglichen. In der DDR gab es das Medikament nur auf dem Schwarzmarkt und zu hohen Preisen.

Die Schwester unserer Großmutter, unsere Tante Anna, war mit ihrer Familie aus Schlesien nach Westfalen geflüchtet, ins Münsterland. Dort arbeitete sie in einem Hotel, hatte

Unterkunft und Verpflegung. Ihre Tochter mit Mann und zwei Kindern hatten auf einem Bauernhof Zuflucht gefunden, in einem Dorf nahe der Stadt.
Unsere Tante hatte der Familie, bei der sie arbeitete, von meiner Krankheit erzählt, und die lud nun Mutter und mich ein, bei ihnen zu wohnen, bis die Behandlung abgeschlossen und ich gesund geworden war.

Aus der DDR auszureisen war auch 1950 nicht ohne weiteres möglich. Mit dem Attest des Arztes bekam Mutter für sich und mich einen Interzonenpass, der einen sechswöchigen Aufenthalt in Westdeutschland ermöglichte, und der danach noch einmal um zwei Wochen verlängert werden konnte. Meine Schwester bekam keine Ausreiseerlaubnis. Ich denke, dass unsere Mutter von Anfang an vorhatte, in Westdeutschland zu bleiben. Sie wollte auf jeden Fall mit beiden Kindern ausreisen. So entstand folgender Plan: Unsere Großmutter wurde dringend in Görlitz in der Bäckerei ihres Sohnes gebraucht und konnte somit das Enkelkind nicht versorgen. Die Familie des zweiten Sohnes unserer Großmutter wohnte zwar im selben Haus wie wir, unsere Tante aber erwartete ihr drittes Kind, ihr konnte die Versorgung eines vierten Kindes über einen so langen Zeitraum nicht zugemutet werden. So bekam auch meine Schwester die Erlaubnis für eine befristete Ausreise.
Ich wusste, dass wir sechs Wochen in Westdeutschland blei-

ben und danach nach Brandenburg zurückkehren würden. Dann saßen wir wieder in einem Zug. Um der Wahrheit die Ehre zu geben: Gesessen habe nur ich. Der Interzonenzug war übervoll; die Menschen standen in Abteilen und Gängen dicht gedrängt. Wieder hatten wir viele Kleidungsstücke übereinander angezogen bekommen, außerdem hatten wir einen Koffer.
Wieder herrschte eine angespannte Stille, obwohl so viele Menschen beieinander waren. Der Zug fuhr sehr langsam, hielt häufig, auch auf freier Strecke.
An der Grenze zwischen den beiden Teilen Deutschlands wurden die Menschen aufgefordert, auszusteigen und das Gepäck mitzunehmen. Mutter schärfte mir ein, auf meinem Platz sitzen zu bleiben, Kranke wurden im Zug kontrolliert. Lange Zeit habe ich es ausgehalten, dort so alleine im Zug. Ich konnte nicht auf den Bahnsteig sehen, die Fenster waren von Menschen verdeckt. Schließlich stand ich auf, um Mutter zu suchen. Ich sah viele Uniformierte, die auf dem Bahnsteig Menschen und Gepäck gründlich durchsuchten. Durch den Lautsprecher kam eine Durchsage, die ich nicht verstand: Die hochschwangere Frau aus Waggon soundso hat soeben eine fette Gans geboren.
Schließlich kam Mutter mit meiner Schwester und dem Koffer unbeschadet wieder in den Zug. Mein Sitzplatz war längst besetzt, ich war nur froh, dass wir uns nicht verloren hatten.

In Westdeutschland fuhr der Zug schneller und hielt nur noch an Bahnhöfen. Allmählich leerten sich die Gänge und Abteile, sodass wir uns hinsetzen konnten. Die Dampflok schickte große, weiße Wolken aus dem Schornstein, die an den Fenstern vorbeiflogen. Die Telegraphendrähte hoben und senkten sich in gleichmäßigen Bögen zwischen den Pfählen. Die Räder ratterten über die Bahnschwellen, und Mutter sagte ihren Spruch, den sie immer sagte, wenn wir im Zug fuhren: „Die Katze tritt die Treppe krumm. Die Katze tritt die Treppe krumm."
Ich machte einen anderen Spruch zu der Musik der Räder: Westfalen schreibt man ohne h. Westfalen schreibt man ohne h. Das hatte ich gelernt.
Auch in Westfalen waren wir schon einmal gewesen, als unsere Familie noch zusammen war. Im Sommer 1940 arbeitete unser Vater in Gronau, Mutter reiste mit uns Kindern für einige Monate auch dorthin.
Gerne wurde eine Geschichte aus dieser Zeit erzählt, die mich betraf. Ich hatte spät Laufen gelernt, zu diesem Zeitpunkt aber konnte ich es gut. Also machte ich mich auf den Weg und erkundete die Gegend. Es war das erste Mal, dass ich „weglief", und Mutter wird entsprechend beunruhigt gewesen sein. Alle Menschen des Hauses, in dem wir wohnten, halfen suchen, fragten die Menschen auf der Straße, ob sie ein kleines Mädchen gesehen hätten.
Nein, niemand.

Schließlich antwortete eine Frau, ein Mädchen habe sie nicht gesehen, aber einen kleinen Jungen. Der säße dort hinten am Gartenzaun und pflücke Johannisbeeren. Da hatten sie mich wiedergefunden.

Nun waren wir wieder auf dem Weg nach Westfalen.
Mutter hatte uns erzählt, dass dort auch die großen Kinder noch Mama und Papa zu den Eltern sagen, und nicht wie wir Mutti und Vati.
Dass die Menschen in Westfalen, wenn ihnen etwas gut schmeckt, nicht sagen: Das schmeckt gut!, sondern: Das ist lecker! Und dass sie untereinander eine Sprache sprächen, die sie Plattdeutsch nennen und die unsere Eltern nicht hatten verstehen können.
Es ist, wie es immer bei mir ist nach großen Ereignissen und Veränderungen: Von unserer Ankunft in der kleinen Stadt im Münsterland und auch von der ersten Zeit dort weiß ich nichts. Meine Schwester konnte nicht bei uns bleiben; sie kam zu der Tochter unserer Tante. Das Dorf war gar nicht so sehr weit entfernt von uns, aber wir kamen nicht dorthin. Mutter musste im Hotel mitarbeiten. Von früh bis spät.
Wir hatten ein Zimmer bekommen mit zwei Betten, das war unsere Unterkunft. Der jüngste Sohn der Familie, die uns aufgenommen hatte, war so alt wie ich, aber er ging in die Schule. Meine körperliche Verfassung ließ es noch nicht zu, dass auch ich hätte zur Schule gehen können, so war ich

beinah den ganzen Tag mir selbst überlassen. Eine unverheiratete Tante der Familie versorgte mich mit Lesestoff. Es waren lauter Geschichten von Kindern, meist Mädchen, die später heilig gesprochen wurden. Diese Geschichten langweilten mich bald, weil die Kinder so überwältigend artig waren, dass ich mir dachte, das könne gar kein schönes Leben gewesen sein.

Zum Mittagessen saßen wir alle zusammen an einem großen Tisch in der Küche. Die Familie hatte sechs Kinder und etliche Bedienstete, dazu meine Tante, Mutter und ich. Das Essen war gut und reichlich, vieles aber war mir so fremd und ich mochte es nicht gern.

Meine Schwester fehlte mir sehr. Meist kam sie am Wochenende, blieb auch über Nacht bei uns. Das waren schöne Zeiten. Wir erzählten von unserem neuen Leben, sehnten uns zurück in das alte Leben, und natürlich am meisten nach unserer Großmutter.

Oft weinten wir, wenn meine Schwester am Sonntagabend zurück zu unseren Verwandten musste.

Am schwersten war es sicherlich wieder für unsere Mutter. Sie musste alle Arbeit tun, die gerade anfiel: Putzen, waschen, kochen, nähen und auch die Gäste bedienen. Letzteres machte sie sehr gern, und weil sie geschickt und freundlich war, wurde das auch bald ihre Hauptaufgabe. Beim Kassieren bekam sie des öfteren ein Trinkgeld. Ich denke, dass es das einzige Geld war, was sie überhaupt bekam, denn ihre

Arbeit wurde als Lohn für unsere Unterkunft angesehen. Als jedoch die Frau des Hotels merkte, dass Mutter ab und an Trinkgeld bekam, kassierte sie selbst, auch das Trinkgeld, das die Gäste für die freundliche Serviererin gaben. Viele, viele Male hörte ich Mutter nachts bitterlich weinen. Sie hatte Heimweh wie wir, sie sah keine Aufstiegsmöglichkeiten, litt unter der Situation, kein eigenes Zuhause zu haben.

Mir ging es gesundheitlich stetig besser. Ich nahm an Gewicht zu, die Kräfte stabilisierten sich, die Haare wuchsen. Nachdem die Aufenthaltsgenehmigung um die erlaubten zwei Wochen verlängert worden war, freute ich mich auf unsere Rückkehr nach Brandenburg. Da sagte unsere Mutter uns Kindern an einem Wochenende, dass wir nicht zurückkehren, sondern für immer in Westdeutschland bleiben würden.

Ich war körperlich gesund geworden, die westlichen Medikamente hatten mir geholfen. Mein Herz aber war kränker als zuvor. Man hatte mir den lieben Weg zur Schule genommen und die Spiele in der Kaserne. Die gemütlichen Stunden der Stromsperre, die Schule mit Russisch und strengen Regeln, den Kachelofen, mein Gitterbett, den Kastanienbaum, alles, was mir zur Heimat geworden war. Und vor allem Großmutter. Sie fehlte uns wie das tägliche Brot.

Wenn wir von dem Wunder sprachen, dass ich nicht gestorben bin, sprachen wir von zwei verschiedenen Wundern.

Nach den Sommerferien konnte ich wieder in die Schule gehen. Ich freute mich ganz unbändig, auch deshalb, weil ich dort täglich meine Schwester sehen würde.
Aber was war das für eine Schule! In dem katholischen Ort durften die evangelischen Kinder die öffentliche Schule nicht besuchen. Ihnen war ein Raum im Gymnasium zugeteilt, in dem sämtliche evangelischen Kinder des Ortes saßen, vom 1. bis zum 8. Schuljahr.
Das bedeutete, dass wir die meiste Zeit des Vormittags still beschäftigt wurden, damit der Lehrer mit jedem Jahrgang wenigstens einmal arbeiten konnte. Der Lehrer war sehr streng und scheute sich nicht, die Kinder zu schlagen. Am Morgen mussten alle Kinder auf dem Podest vor dem Katheder stehen, der Schultag begann mit einem Lied. Danach wurde die Anwesenheit überprüft, indem in strengem Ton die Namen aufgerufen wurden. Das Kind, dessen Name genannt wurde, stand neben der Bank stramm und sagte „Hier". Der Lehrer sagte: „Setzen!", das Kind setzte sich wieder.
Pause hatten wir, wenn die Gymnasialschüler Unterricht hatten. Wir mussten etwas entfernt vom Schulgebäude spielen, um den Unterricht der Kinder nicht zu stören. In der Pause war es genauso wie in der Fontaneschule. Wir spielten Fangen und Verstecken, machten Kreis- oder Ballspiele, saßen beieinander und erzählten. Ich war dem Jahrgang 6 zugeteilt worden. Lesen und schreiben konnte ich gut, das

bereitete mir keinerlei Mühe. Aber beim Rechnen fehlte mir ganz einfach das Grundwissen. Diese Stunden waren folgerichtig auch meine Angststunden. Am Allerschlimmsten waren Kettenaufgaben. Alle Kinder eines Jahrgangs, oder, was noch schlimmer war, zweier Jahrgänge, mussten aufstehen, der Lehrer nannte Zahlen, dazu „plus“ oder „minus“, „geteilt durch“ oder „mal“, fragte: „Was kommt raus?“, und der Schüler, der die Lösung hatte, durfte sich setzen. Ich hörte nach der dritten Zahl schon auf zu rechnen, wissend, dass das Tempo für mich viel zu hoch war, und war stets die Letzte, die noch stand.
Manchmal wurden wir zum Rechnen an die Tafel gerufen. Natürlich war meine Angst dort vorne noch größer, ich konnte die einfachsten Aufgaben nicht lösen, ja, ich verstand nicht einmal, was der Lehrer von mir wollte. Bei solch einer Gelegenheit schlug er mich ins Gesicht und behauptete, ich wollte nur nicht rechnen.
Diese Schule war für mich keine Schule. Abgesehen von den Rechenstunden langweilte ich mich und beschloss, gar nicht mehr hinzugehen. Mein Schulweg führte an einem kleinen Fluss entlang und zwischen Schrebergärten hindurch. Dort hielt ich mich den Vormittag über auf. Natürlich ging das nicht lange gut, denn über meine Schwester erfuhr Mutter ganz schnell von meinem Treiben. Sie sprach mit dem Lehrer, und da war er wirklich ein guter Lehrer. Täglich schrieb er mir die Buchstaben auf einen Zettel, die die Kinder des

1. Jahrgangs schon gelernt hatten. Damit sollte ich zu Hause, zusätzlich zu den Hausaufgaben, eine kleine Geschichte schreiben. Für diese Geschichte bekam ich ein schönes weißes Blatt Papier von ihm. Am nächsten Morgen durfte ich die Geschichte an die Tafel schreiben, in Schönschrift und ohne Fehler, das war die Deutschstunde für die Lernanfänger.

Ganz besonders liebte ich den Lehrer, wenn er mich zur Erstklassenlehrerin ernannte und ich mit den Kleinen lesen durfte. Da ich nie wusste, wann ich diese Sonderrolle bekam, ging ich täglich in die Schule.

In der Schule gab es für alle Kinder Milch. Im Winter war sie eiskalt, manchmal sogar gefroren. Da brachte der Lehrer ein Brett mit, das er auf die Heizung legte, stellte dicht bei dicht die Milchflaschen darauf und sorgte so für eine warme Pausenmilch.

Viele Kinder hatten einen sehr weiten Schulweg. An Regentagen und im Winter kamen wir oft völlig durchnässt in der Schule an. Der so gestrenge Lehrer sorgte für Hosen, Strümpfe und Jacken, die wir anzogen, während unsere Sachen auf der Heizung trockneten.

Später gab es einen zweiten Lehrer für die evangelischen Kinder. Die Klasse wurde geteilt, die Jahrgänge eins bis vier wurden gesondert unterrichtet.

So ausgegrenzt wie in der Schule waren wir überall. Wie Mutter erzählt hatte, war die Sprache für uns unverständlich.

Einmal saßen wir mit zwei Nachbarmädchen auf der Haustürschwelle, als eines der Mädchen etwas sagte. Wir verstanden es nicht und fragten nach. Das Mädchen wiederholte den Satz, wir verstanden ihn wieder nicht. Auch beim dritten Mal wussten wir nicht, was gesagt worden war. Da machte das Kind eine Handbewegung himmelwärts, wiederholte noch einmal, was uns unverständlich war: „S'fängt an am plästern.", und zusammen mit der Tatsache, dass es zu regnen begann, hatten wir endlich das Kind verstanden.
Aber genau wie in Bayern war das Sprachproblem bald überwunden.
Wir verstanden alles, was gesagt wurde, ja, redeten mit den einheimischen Kindern ebenfalls plattdeutsch.

Als die Zeit unseres erlaubten Aufenthaltes in Westdeutschland abgelaufen war und wir nicht in die DDR zurückkehrten, wurde alle unsere Post konfisziert. Weder hörten unsere Verwandten etwas von uns, noch bekamen wir Post von ihnen. Auch Briefe, die auf Umwegen verschickt wurden, kamen nicht an ihr Ziel: Wir waren völlig abgeschnitten. Das war eine schwere, zusätzliche Belastung in unserem neuen Leben.
Am Ende des Sommers bekamen wir einen Raum, der uns allein gehörte. Es war wahrlich kein Prachtbau; er befand sich in einem Gebäude im Hof. Wir betraten ihn durch die Waschküche, hinten dran war der Schweinestall, ohne

Schweine zwar, aber eben doch ein Stall, und vom Fenster aus schauten wir auf den Hühnerhof.
Dennoch waren wir überglücklich. Meine Schwester konnte endlich zu uns kommen, und die Familie war für sich.
Wieder standen in dem Raum zwei Betten, in einem schliefen wir Kinder, in dem anderen, das tagsüber zum Sofa umfunktioniert wurde, schlief Mutter. Wir hatten einen Tisch und zwei Stühle, es gab einen Herd, mit dem wir kochen und die Stube wärmen konnten. Es gab einen Kleiderschrank und ein kleines Küchenbuffet.
Und es gab eine Nähmaschine. Die hatte Mutter aus dem Hotel geborgt bekommen. An drei Tagen im Monat musste sie für das Hotel nähen, das war die Miete für unser Heim. Meist waren das Flickarbeiten, ich sehe sie Bettwäsche und Handtücher und die Kleidung der Kinder reparieren.
In der kleinen Stadt hatten noch andere Flüchtlinge Zuflucht gefunden, auch einige Menschen aus Naumburg. Zu denen hatte Mutter Kontakt gesucht, und über sie versuchte sie, sich einen Kundenstamm aufzubauen. Wieder gelang es ihr rasch, Kundschaft zu finden, weil sie gut und preiswert arbeitete. Aber was für ein mühseliges Arbeiten war das! Meist musste etwas Altes umgeändert werden, denn um Stoffe zu kaufen, war zu wenig Geld da. So trennte Mutter erst einmal auf, woraus Neues entstehen sollte. Der Stoff wurde gewendet, weil er auf der linken Seite besser aussah als auf der verwaschenen rechten, es wurde gestückelt und

hin- und hergeschoben, bis endlich alle Teile zugeschnitten waren. Gebügelt wurde mit zwei kleinen Bügeleisen, die tatsächlich aus Eisen waren. Sie hatten einen abnehmbaren Griff, erwärmt wurden sie auf dem Herd. Es war stets eine Gratwanderung, die Temperatur zu finden, die zwar alles glättete, jedoch ja nicht etwa den Stoff versengte.

Mutter arbeitete bis spät in die Nacht, dennoch verdiente sie nur wenig. Wenn wir Kleidung brauchten, war das immer mit großen Schwierigkeiten verbunden. Am schwersten waren Mäntel und Schuhe zu beschaffen. Einmal nähte Mutter für meine Schwester einen Wintermantel aus einer Wolldecke, für mich ein Kleid aus einem Kleid, das eine Kundin wegwerfen wollte. Die Unterwäsche wurde samstags abends gewaschen, damit sie am Sonntag sauber angezogen werden konnte.

Zu Beginn unseres Aufenthaltes hatten wir Kinder Schwierigkeiten, zu begreifen, dass man zum Einkaufen keine Lebensmittelkarten brauchte; man konnte kaufen, was man brauchte, wenn genügend Geld da war. Aber gerade daran mangelte es bei uns ganz gewaltig.

Da traf es sich gut, dass Mutter Arbeit bei Bauern in den umliegenden Dörfern fand. Genau wie in Bayern bekam sie dort tagsüber ihr Essen, und als Lohn gab es häufig Lebensmittel. Obwohl wir die gut brauchen konnten, waren diese Nähstellen mit der Schwierigkeit verbunden, dass unsere Mutter den ganzen Tag weg war. Für uns Kinder bedeutete es, dass wir tagsüber ganz allein und auf uns gestellt waren. Nun fehlte unsere Großmutter erst recht!

Wir waren einfach zu klein, um unseren Alltag oft über eine ganze Woche hindurch allein zu regeln. Wir stritten und schlugen uns, hatten so große Sehnsucht nach Hause.

Später gab es Nähstellen auf Bauernhöfen, wo wir nach der Schule auch hinkommen konnten. Wir gingen oft stundenlange Wege, aber wir taten es gern, um nicht allein zu Hause sein zu müssen.

Ganz besonders liebten wir einen Arbeitsplatz unserer Mutter, an dem sie ausschließlich während der Ferienzeit nähte. Wir waren mit ihr dort, schliefen auch dort, oft ein, zwei Wochen lang. Wir schliefen in einem Schrankbett, einem Raum, der ganz fensterlos war und in dem es mir natürlich wieder viel, viel zu eng war, aber alles war besser als allein zu Hause zu sein. Es war ein kleines Gut, die Bewohner waren nicht nur recht wohlhabend, sondern auch sehr gutmütig. Es gab eine Urgroßmutter, die den ganzen Tag am Spinnrad saß und immer, wenn sie gähnte, sagte, sie müsse etwas essen. Trotzdem war sie ganz klein und dünn. Alle Menschen auf dem Hof aßen miteinander an einem langen Tisch in der großen Küche. Wenn es Suppe gab, wurden zwei Terrinen auf den Tisch gestellt und alle aßen aus der Terrine. Wenn die Knechte eine Speckschwarte erwischt hatten, kauten sie sie durch und warfen sie wieder in die Suppe zurück, davor habe ich mich sehr geekelt.

Wir Kinder hüteten die Kühe und Kälber, trieben sie zum Melken in den Stall, und meine Schwester hat sogar beim Melken geholfen.

Während der Kartoffelferien wurden alle Hände auf den Feldern gebraucht. Auch wir halfen bei der Kartoffelernte, das hat uns Jahr für Jahr viel Freude gemacht. Wir haben unsere Ehre darin gelegt, unsere Furche gemeinsam genauso schnell und sauber abzulesen wie die Knechte und Mägde. Nur in die Karre leeren konnten wir die Körbe noch nicht, dazu waren wir mit unseren zwölf, dreizehn Jahren zu klein.

Mittags kam eine Magd mit dem Pferdewagen, brachte das Mittagessen für alle, die dort draußen essen wollten. Wer lieber auf dem Hof essen wollte, fuhr mit der Magd auf dem Wagen zurück. Meine Schwester ist immer mit auf den Hof gefahren, aber ich habe mit den anderen draußen auf dem Feld gegessen, hauptsächlich deshalb, weil ich mir dann nicht die Hände waschen musste.

Wenn ein Feld abgeerntet war, wurde am Abend das Kraut verbrannt. In dem Feuer wurden Kartoffeln geröstet, die wunderbar dufteten und noch besser schmeckten. Man durfte soviel essen, wie man wollte, bis einfach keine einzige Kartoffel mehr in den Bauch passte.

Abends spielten die Kinder und auch die jungen Knechte und Mägde Verstecken. Es gab eine Unmenge von Verstecken: In den Ställen, in der Wagenremise, auch in den

Wagen, was verboten, aber eben gerade deshalb so reizvoll war, hinter den Bäumen auf der Weide, in der Hundehütte. Zu suchen war eine schwere Aufgabe, und man war immer bemüht, sich freizuschlagen, um nicht suchen zu müssen.

An Herbst- und Winterabenden saßen alle Menschen des Hofes in der Küche beieinander. Es gab dem langen Esstisch gegenüber eine offene Feuerstelle. Ein Kessel hängte darüber, in dem Wasser summte, mit dem vor dem Zubettgehen Wärmflaschen gefüllt wurden. Das Feuer knisterte, die Urgroßmutter hatte aufgehört zu spinnen und erzählte Geschichten. Man sang viele Lieder, berichtete von der Arbeit des Tages – für mich war es ein wenig wie zu Hause.

Mutter bekam ihren Lohn auch auf dieser Arbeitsstelle zur Hälfte in „Naturalien“ bezahlt. Dazu gehörte Schafwolle. Nachdem die hofeigenen Schafe geschoren worden waren und die Urgroßmutter die Wolle gesponnen hatte, bekamen auch wir einen Teil davon. Es war sehr raues Garn, naturfarben und in Stränge gewickelt. Zuhause wurden sie einige Tage an die Luft gehängt, und der strenge Geruch ließ unsere Stube wie einen Schafstall riechen.

Nachdem ich in Landau bei meiner Großmutter zu stricken gelernt hatte, freute ich mich immer sehr, wenn es Wolle gab und ich stricken durfte. Schon mit elf Jahren strickte ich Socken und Kniestrümpfe für uns, auch Handschuhe, einmal sogar ein Paar Fingerhandschuhe für meine Großmutter. Sie waren aus feiner grauer Wolle und hatten auf dem Handrücken ein anderes Muster als im Handinnern. Mit der Schafwolle nun strickte ich für meine Schwester und mich warme Schlüpfer und Unterröcke für den Winter. Die Unterröcke hatten ein Pfauenschweifmuster, das war wirklich schwer zu stricken, die Kundinnen unserer Mutter haben mich oft dafür bewundert.

Aber die schafwollenen Kleidungsstücke kratzten sehr. Ich war nicht so empfindlich, aber meine Schwester litt regelrecht, wenn sie die Unterwäsche trug. Es gab jedoch kein Entrinnen: Wenn es richtig kalt war, mussten die Selbstgestrickten getragen werden. Meine Schwester ging Morgen für Morgen bis zur nächsten Ecke, wo unsere Mutter uns nicht mehr sehen konnte, zog die Hosen aus, verstaute sie in der Schulmappe und zog sie erst abends, kurz vor dem Zubettgehen, wieder an.

Einmal war die Schafwolle rot eingefärbt. Daraus sollten wir uns Jacken stricken. Ich war mit Feuereifer dabei, meine Jacke wuchs rasch. Meine Schwester aber hatte nicht so viel Freude an dieser Handarbeit. Zudem musste sie unserer Mutter schon sehr viel bei der Schneiderarbeit helfen, Schnitte ausradeln, Nähte bestechen, Teile zusammenheften. So kam es, dass ihr Strickzeug meist in einem Korb lag und nicht größer wurde. Schließlich sagte Mutter, als meine Jacke fertig war, ich möge die andere auch zu Ende stricken. Da saß ich denn nachmittags wie die Königstochter vor dem Stroh und hatte keine Lust, noch einmal das gleiche zu tun.

Da der Befehl nun aber ergangen war, gab es kein Entrinnen. Mutter bemerkte das Getrödel, zog ein andersfarbiges Fädchen in die Reihe unter der Stricknadel und sagte: „So, nun strickst du jeden Tag fünf Zentimeter, das schaffst du, und dann ist die Arbeit bald getan."
Fünf Zentimeter, besonders an dem breiten Rückenteil, waren aber für mich gar nicht wenig. Ich setzte also, wenn ich einige Reihen gestrickt hatte, das Fädchen tiefer, maß sorgfältig fünf Zentimeter ab – und war Abend für Abend erstaunt über Mutters Fähigkeit, diese Mogelei zu bemerken. Jahre später erst wurde mir klar, dass sie natürlich das ganze Stück gemessen hat, nicht nur vom Fädchen an.
Unsere kleine Stube hatte Mutter so gemütlich gemacht, wie es ihr nur eben möglich war. Die Armut aber, in der wir lebten, war unübersehbar. An einem Nähtag verdiente Mutter drei D-Mark, ein Liter Milch kostete allein schon dreißig Pfennige. Kleidung zu beschaffen war schier unmöglich, Schuhe schienen unbezahlbar. So liefen wir den Sommer über barfuß, so oft es ging, trugen Schuhe nur zur Schule. Die Kleider für die Schule zogen wir nach dem Heimkommen aus, zum Spielen genügten geflickte Sachen oder solche, aus denen wir herausgewachsen waren.
Sonntags besuchten wir den Gottesdienst. In den ersten Jahren gingen wir Kinder in den Kindergottesdienst, der sich an den „großen" Gottesdienst anschloss. Noch immer konnte ich nicht gut still sitzen, und meine Schwester klagte

unserer Mutter oft ihr Leid darüber, wie zappelig ich wieder gewesen war. Dennoch liebte ich den Kindergottesdienst. Wir sangen viele Lieder, hörten die Geschichten aus der Bibel und beteten.

Es war die Zeit, in der ich mich sehr nach einem Vater sehnte. Viele Kinder wurden nach dem Gottesdienst von ihren Vätern abgeholt. Das fand ich so wunderbar, nichts wünschte ich mir sehnlicher, als auch einmal von meinem Vater abgeholt zu werden.

Aus der Schule kannte ich ein Mädchen, Rita, das mich manchmal zu sich nach Hause einlud. Die Familie bewohnte ein eigenes Haus, Rita hatte wie ich eine ältere Schwester, der Vater besaß eine kleine Firma. Es gab sehr schöne Spielsachen dort, die ich noch nie zuvor gesehen hatte. Und es gab eine Bonbondose! Sie reichte mir etwa bis zum Knie, war stets bis oben hin gefüllt und – wie wunderbar! – man durfte sich daraus nehmen, so viel man wollte. Am Nachmittag kam der Vater aus seiner Firma nach Hause. Dann wurde gemeinsam Kaffee getrunken, es gab Kuchen oder Kekse, Milch, Saft, manchmal Kakao, und von allem so viel man mochte. Dabei erzählte jeder von seinem Tag, vom Schönen, vom Schweren, und der Vater hörte aufmerksam zu. Ich wünschte mir mein Elternhaus so, wie das von Rita war. Eine Mutter, die nicht arbeiten ging, einen Vater, der das Geld verdiente und sich für mich und mein Leben interessierte, einen ruhigen Lebensrhythmus. Obwohl es dort so schön war, so friedlich, es so reichlich Essen und Trinken gab, konnte ich Rita nach einer Weile nicht mehr besuchen. Zu sehr schmerzte mich, dass ich keinen Vater hatte, der mir zuhörte.

Ritas Mutter hat meine Mutter mehrmals gefragt, ob etwas vorgefallen sei, das sie nicht wisse, weshalb ich nicht mehr käme. Nein, Mutter wusste es nicht, ich hatte meinen Kummer für mich behalten.

Viel Freude bereitete mir der Kinderchor, in dem wir auch hier wieder sangen. Er wurde geleitet von einem Diakon, Herr Schödel, der mich sehr mochte und dies auch sagte. Außer dem Chor hatte er auch noch eine Theatergruppe, in der ich mit großer Begeisterung mitmachte.

Mehrmals im Jahr führten wir Stücke auf, zu denen Eltern und Großeltern, Tanten, Onkel, kurz, alle Freunde der Musik, kamen. Die Stücke waren musikalisch schon recht anspruchsvoll. So erinnere ich mich, dass meine Schwester, die häufig Solorollen

bekam, einmal einen Text zu den „Träumereien“ von Schumann sang. Meine Gabe, rasch auswendig zu lernen und gut vortragen zu können, konnte ich in dieser Gruppe voll ausleben: Meist bekam ich die textumfangreichsten Rollen und konnte mich zudem noch als Souffleuse betätigen, weil ich das ganze Stück auswendig kannte. Die Arbeit in dieser Gruppe kam meinem Drang zu lernen sehr entgegen. Ein ganz besonderes Privileg war es, sonntags für den Diakon den Blasebalg zu treten, damit er im Gottesdienst die Orgel spielen konnte. Es war eine große Belohnung, für diesen Dienst ausgesucht zu werden.
Ganz besonders bewunderte ich Herrn Schödel für sein schönes Klavierspiel. Ich vertraute ihm an, dass auch ich sehr, sehr gern dieses Instrument spielen würde. Er sprach mit meiner Mutter, sagte, dass er im Rahmen seiner diakonischen Tätigkeit die Möglichkeit hätte, mir kostenlos Klavierunterricht zu geben. Und wenn ich eine gute Begabung zeige, könne ich später sogar das Orgelspiel erlernen.

Üben, so sagte Herr Schödel, könne ich am Gemeindehaus-Klavier so oft ich wolle. Mutter war eine realistische Frau, ohne Zuversicht in irgendwelche hochtrabenden Aussichten. Sie sagte nein, und begründete dies, indem sie sagte: „Wenn du jetzt auch bei Herrn Schödel kostenlos lernen kannst, wirst du doch bald, wenn du die Schule verlassen hast, diese Möglichkeit nicht mehr haben. Wir können uns solch einen

Luxus nicht erlauben. Und es ist schlimmer, etwas, was man gelernt hat, nicht mehr zu haben, weil man zu arm ist, als es nie gehabt zu haben."

Ebenso ging es, als mir ein Freiplatz im Gymnasium angeboten wurde. Das Geld für eine „Höhere Schule" hatten wir nicht. Da war ein Freiplatz ein Geschenk des Himmels. Bedingung war allerdings, dass man sich mit seinen Leistungen immer unter den Klassenbesten befand. Mutter verwies auf mein häufiges Kranksein, sagte, dass ein Leistungsabfall nach einer langen Krankheit unabdingbar sei – aus wars mit dem Gymnasium.

Das Ende der Kindheit

In unserer Nachbarschaft gab es eine Bäckerei, in der auch wir unser Brot kauften. Die Familie hatte zwei erwachsene Töchter und einen Nachkömmling. Es war ein Mädchen, das das Down-Syndrom hatte. Die Mutter liebte ihr Kind, es war erst einige Monate alt, und litt darunter, wegen ihrer Arbeit im Geschäft zu wenig Zeit für das Kind zu haben. Sie fragte meine Mutter, ob ich am Nachmittag auf die kleine Ursula aufpassen könnte. Von da an verbrachte ich meine Nachmittage in der Bäckerei.

Meine Schwester hatte die Schule beendet und war sofort in eine Arbeitsstelle vermittelt worden. Wenn ich aus der Schule kam, war ich, wenn Mutter bei ihrer Arbeit war, nun ganz allein.

Ich sehnte mich nach meiner Familie, trödelte auf dem Nachhauseweg, um dort nicht allein sein zu müssen, und das Essen, das Mutter für mich vorbereitet hatte, schüttete ich den Hühnern hin.

Wie froh war ich nun, in der Bäckersfamilie sein zu dürfen! Ich bekam einen Platz an einem Tisch im Wohnzimmer zugewiesen, dort durfte ich meine Schulsachen erledigen.

Die Bäckersfrau brachte mir beinah täglich Kuchen aus dem Laden, eine Köstlichkeit, die ich niemals zuvor gegessen hatte. Wenn ich mit den Schularbeiten fertig war, war ich für die kleine Ursula da. Ich habe nicht bemerkt, dass sie anders war als andere Babys, ich hatte sie einfach gern.

Sie lachte, wenn sie mich sah, wir spielten zusammen, ich durfte sie füttern und wickeln, bei gutem Wetter fuhr ich sie spazieren.
Dann kam ein Tag, da lag sie krank in ihrem Bett. Die Mutter hatte verweinte Augen, ich begriff rasch, dass das kleine Mädchen ernsthaft erkrankt war. Einige Tage lang lief ich morgens vor der Schule ins Geschäft, um zu fragen, wie es meinem kleinen Schützling ging. Nach wenigen Tagen schon, ich stand wieder in der Küche, in der ein Dienstmädchen arbeitete, die Tür nach oben, wo das Zimmer des Kindes war, stand offen, bekam ich die Nachricht: Das Kind ist tot. Ursula ist in der Nacht gestorben. Ich ging die Treppe hoch, wo die Mutter am Bett ihres toten Kindes saß. Es lag da, als schliefe es, werde gleich aufwachen, mich anschauen und lachen, wie immer. Ich stand am Fußende des Gitterbettchens, ohne Tränen, ohne ein Wort, schaute nur in das Gesicht, das ich so gern hatte. Es sah friedlich aus, wie die kleine Antje damals im Krankenhaus, als ihr Bett an jenem Sonntag hinausgeschoben wurde und nach kurzer Zeit ohne sie wieder ins Zimmer kam. Ich wusste: Auch mich hätte man so liegen sehen, aber ich hatte überlebt.
Ich ging nach Hause, sagte zu Mutter: „Die Ursula ist gestorben!“, und ging zur Schule.

Nach der Beerdigung durfte ich weiter in die Bäckerei kommen. Ich bekam kleine Aufgaben zugeteilt und musste Ware ausfahren. Dazu bekam ich ein Fahrrad. Das war natürlich wunderbar, aber es war ein großes Hollandrad, viel zu groß für mich; ich konnte nur im Stehen fahren. Einmal sollte ich eine Hochzeitstorte ins Nachbardorf bringen. Sie war in einem runden Blechbehälter, und ich bekam die Ermahnung, ja vorsichtig zu sein und die Tortendose nicht fallen zu lassen. Ein großes Stück des Weges ging alles gut, ich hielt in einer Hand die Tortendose und lenkte mit der anderen das Fahrrad. An einem Bahnübergang rutschte das Vorderrad in die Bahnschiene. Dadurch verlor ich das Gleichgewicht und fiel samt Rad und Tortendose hin. Obwohl ich versuchte, die Dose gerade zu halten, sah ich, als ich sie öffnete, nur noch einen Buttercremeklumpen. Meine Hände und Knie bluteten, das beachtete ich gar nicht. Meine Sorge war allein, was die Bäckersleute sagen würden zu dem verunglückten Auftrag. Zufällig nähte meine Mutter an diesem Tag zu Hause; so fuhr ich erst zu ihr und berichtete von meinem Unglück. Sie ging mit mir in die Bäckerei. Dort war man nicht erfreut über das Geschehene, dennoch bekam ich weder Schimpfe noch Schläge. Es wurde eine neue Torte gebacken, die jemand anderes an ihren Bestimmungsort brachte. Meine kleinen Aufträge durfte ich auch weiterhin erledigen. Manchmal bekam ich Geld dafür, das gab ich Mutter. In der Bäckerei blieb ich, bis ich die Schule verlassen musste.

In dieser Zeit bereitete ich mich auf meine Konfirmation vor. Zwei Jahre lang besuchten wir Jungen und Mädchen den Konfirmandenunterricht, der fand am Samstagnachmittag im Gemeindehaus statt. Den Pfarrer kannte ich aus den Gottesdiensten, außerdem ließ seine Mutter bei unserer Mutter nähen. Es war ein sehr gestrenger Herr und ich meine mich zu erinnern, dass er in der Gemeinde nicht sehr beliebt war. Aber der Unterricht bereitete mir viel Freude. Wir lasen in der Bibel, vor allem aber mussten wir auswendig lernen. Die Bücher der Bibel, Psalmen, die sieben Worte Jesu am Kreuz, die Weihnachtsgeschichte, die Emmausgeschichte, den kleinen Katechismus, Luthers Morgen- und Abendsegen, die zehn Gebote natürlich, die Artikel mit ihren schweren Wortlauten, der Nachfrage: Was ist das? und dem Schlusssatz: Das ist gewisslich wahr.

Und Lieder lernten wir auswendig, Lieder über Lieder. Alle Lieder, die von Paul Gerhardt im Gesangbuch standen.

Und dabei kam mir so manch eine Erkenntnis.

Zuhause besaßen wir kein Gesangbuch, ich bekam eines zur Konfirmation geschenkt. Auch im Gottesdienst gab es für uns Kinder kein Buch, und so sangen wir alles auswendig. Für die oft schweren Texte machte ich mir meine eigenen Erklärungen. Zum Beispiel in dem Lied: „Morgenglanz der Ewigkeit" heißt es in einer Strophe: Lass die dürre Lebensau lauter süßen Trost genießen. Ich verstand – und sang auch immer: Lass die dürre Lebend-sau ... und fand es ganz tröstlich, dass, wenn die Sau schon dürre war, sie wenigstens süßen Trost bekommen sollte.

Solche Missverständnisse gab es viele, und die klärten sich in der Zeit des Konfirmandenunterrichts auf. Das Lernen all dieser Bibel- und Gesangbuchtexte fiel mir leicht und bereitete mir große Freude. Noch heute trage ich sie als Schatz in meinem Herzen.

Zu dieser Zeit beschäftigte mich schon lange eine Frage. Ich kannte die Schöpfungsgeschichte, in der es nur Adam, Eva und ihre zwei Söhne gibt. Als Kain nun den Abel erschlagen hat, geht er – so steht es geschrieben – und sucht sich eine Frau. Unbedingt wollte ich wissen, wie das zugehen konnte. Es gab doch nur diese vier Menschen in Gottes Welt. An einem Unterrichtsnachmittag stellte ich dem Pfarrer die Frage. Ohne ein Wort kam er zu mir und gab mir eine Ohrfeige. Viel später erst habe ich verstanden, dass er die Antwort wohl selbst nicht wusste.

Am Sonntag Judica im Jahr 1953 wurden wir Konfirmanden im Gottesdienst geprüft. Das war eine aufregende Sache für uns. Die Mädchen trugen grüne Kleider, die Jungen dunkle Hosen. Alle Prüflinge saßen im Altarraum, gut sichtbar für die Gemeinde, die die Kirche füllte. Der Pfarrer stellte Fragen, wir meldeten uns, ein Kind wurde dran genommen. Man stand auf, antwortete, setzte sich wieder, nächste Frage, nächste Antwort.

Ich kam bei der Weihnachtsgeschichte dran, aufgeschrieben beim Evangelisten Lukas im 2. Kapitel. Ich sagte sie auf ohne zu stocken.

Am darauffolgenden Sonntag Palmarum folgte der große Tag der Konfirmation. Zu unserem Festtag trugen wir alle schwarze Kleider, die Jungen schwarze Anzüge. Mutter hatte mir ein schönes Kleid genäht, es war das gleiche, wie sie es im Jahr zuvor für meine Schwester genäht hatte. Ich trug Seidenstrümpfe und Schuhe, die mir an den Zehen wehtaten, sie waren mir zu klein. Ein kleines Goldkreuz an einem ebensolchen Kettchen war mein Schmuck, ein Myrthenkränzchen im Haar.

Ich fühlte mich unwohl und hoffte inständig, mit den teuren Strümpfen nirgendwo hängen zu bleiben, das hätte eine Laufmasche zur Folge gehabt.

Es war ein kalter, aber trockener Apriltag. In Zweierreihen gingen wir den kurzen Weg vom Gemeindehaus über den Kirchvorplatz, die Glocken läuteten, und als wir in die Kirche einzogen, erhob sich die Gemeinde von ihren Plätzen.

Herr Schödel spielte die Orgel, ich dachte an all die Gottesdienste, in denen ich den Blasebalg treten durfte.

Eingesegnet wurden wir zu Viert. Das hatten wir geübt. Nachdem wir namentlich aufgerufen worden waren, traten wir an den Altar, knieten uns gleichzeitig auf das rote Samtkissen, hörten unseren Konfirmationsspruch, wurden gesegnet, indem der Pfarrer uns die Hände auflegte, standen gleichzeitig wieder auf, bekamen unseren Spruch ausgehändigt und gingen zu unserem Platz zurück.

Ich schaute auf das Bild in meinen Händen. Es war ein Kreuz

darauf, darunter stand mein Name, und darunter mein Konfirmationsspruch: Wie sich ein Vater über Kinder erbarmt, so erbarmt sich der Herr über die, so ihn fürchten. Psalm 103; 13.
Ich wollte mich vor dem Gott, mit dem ich schon so gerungen hatte, nicht auch noch fürchten müssen, und fügte meinem Spruch, den der Pfarrer für mich ausgesucht hatte, im Stillen, aber mein Leben lang hinzu: ... und lieben.
Ich wusste, mit diesem Tag war meine Kindheit zu Ende. Ich durfte niemals mehr im Kinderchor singen oder für den Organisten den Blasebalg treten. Aufgaben und Kuchen in der Bäckerei waren ebenso zu Ende wie die Spiele auf der Straße. Das Schlimmste war, dass ich die Schule verlassen musste, darüber habe ich lange geweint.

Vreden / Westfalen, Sonntag Palmarum 1953
Doris, Mutter, Christl (von links)

Gerettet! oder: Eine unglaubliche Geschichte

Der Eierbecher steht auf drei Kugeln. Ein schönes großes Ei passt in ihn hinein. Mit spitzer Feder und Sütterlin-Buchstaben ist der Name der kleinen Besitzerin eingraviert: Christel. Dazu gehört ein Tellerchen, viereckig, aber zierlich geschwungen, in einer Ecke der gleiche Namenszug: Christel. Die Verlängerung des letzten Buchstabens wird zur Unterstreichung des Namens. Das Kind mit dem Namen Christl hat beide Teile von seiner Patentante zur Taufe bekommen. Das war am 12. Februar 1939.
Sechs Jahre später, auf den Tag genau, begab sich die Familie auf die Flucht. Das heißt, wahr ist, dass sie schon ein Jahr zuvor aus der Berliner Heimat des Kindes in die schlesische Heimat der Mutter geflohen waren.
Nun aber ging es ins Ungewisse. Woche für Woche, Monat für Monat. Mit kleinstem Gepäck waren sie unterwegs. Für jedes Kind hatte die Mutter etwas Besonderes, etwas Unwiederbringliches eingepackt. Als Erinnerung an den Frieden und die gute alte Zeit. Für das Kind heißt das: Eierbecher mit Tellerchen. Von WMF. Versilbert.
Lange Zeit wird beides nicht gebraucht; ein Ei, ein Ei für einen Menschen ganz alleine, das gibt es nicht.
Ich erfahre diese beiden blanken, glänzenden Gegenstände als Schmuckstücke. Sie schmücken ein Regalbrett oder ein Vertiko. Sie stehen im Schrank hinter einer Glastür, günstigstenfalls auf einem Häkeldeckchen.

Wir ziehen hin und ziehen her und ziehen um.
So vieles, das mir viel, viel lieber und wichtiger ist als dieser nutzlose Eierbecher mit seinem Tellerchen darunter, muss ich zurücklassen. Die beiden kommen immer mit, meine Mutter sorgt dafür.
Irgendwann bin ich erwachsen. Habe einen Beruf. Habe eine Wohnung. Und habe ein Kind. Bei dem, was ich von Zuhause mitnehme in mein neues Zuhause sind der Eierbecher und sein Tellerchen. Versilbert. Von WMF.
Meine kleine Tochter isst ihr Sonntagsei am liebsten aus dem Silberbecher mit dem Silberteller darunter und will wieder und wieder die Geschichte dazu hören. Das sind die Jahre, in denen mir bewusst wird, wie wertvoll die beiden Kleinigkeiten für mich sind. Erinnerungen, alles andere aus den Kindertagen ist verloren gegangen. Bis auf das Taufgeschenk meiner Patentante.
Mit der Zeit löst sich die Versilberung mehr und mehr von dem massiven Untergrund des Tellers und des Bechers. Die beiden Teile, gerettet durch soviel Not und Wirren, drohen zu verrotten.
Ich beschließe, etwas dagegen zu unternehmen.
In einer Zeitschrift finde ich bei einer Besteckreklame die Anschrift der Firma WMF. Erfahre erstmals, was dieses Kürzel bedeutet: Würtembergische Metallwaren Fabrik. Ich schreibe einen Brief, beschreibe mein Anliegen und frage an, ob die Firma bereit und in der Lage ist, meine beiden

Kostbarkeiten neu zu versilbern. Nach einem positiven Bescheid verpacke ich Becher und Teller sorgfältig und gebe sie auf die Reise.

Eingeschrieben, damit es sicherer ist.

Nach langen Monaten des Wartens schreibe ich erneut an die Firma im Würtembergischen und frage nach, was aus meinem Eigentum geworden ist.

Nach mehreren Wochen – schon war ich entschlossen, nochmals nachzufragen –, findet sich bei meiner Heimkehr von der Arbeit ein Zettel im Briefkasten: Ich kann ein Poststück bei der Post abholen, das man mir wegen Abwesenheit nicht habe aushändigen können, heute, aber nicht vor 15.00 Uhr. Kurz nach 15.00 Uhr wird mir auf dem Postamt ein kleines, etwa postkartengroßes Päcken ausgehändigt, Absender WMF.

Ich verbiete mir, es auf dem Postamt zu öffen, gehe den kurzen Weg nach Hause und packe, hastig und aufgeregt, meinen Eierbecher aus.

Herausgewühlt aus einer Menge Holzwolle, ohne jeden brieflichen Kommentar, steht er da vor mir, schön neu sieht er aus, aber amputiert; sein Tellerchen fehlt. Wieder und wieder durchsuche ich das Verpackungsmaterial – es ist wie es ist: Außer dem Eierbecher ist nichts drin.

Ich schreibe an WMF. Frage nach dem eingeschickten Tellerchen.

Ich bekomme ein Antwortschreiben. Bedauerlicherweise ist

der Gläserteller verloren gegangen, unauffindbar. Das kann geschehen bei derart kleinen Gegenständen, die in großen Kesseln versilbert werden.
Ich weiß nun, nach mehr als dreißig Jahren, dass der Teller gar nicht zum Becher gehört, sondern verhindern soll, dass aus einem Glas ein Tropfen auf den Tisch, die Tischdecke tropft.
Es ist mir gleich, ich will ihn zurückhaben!
Ich denke an all die Orte, die er mit mir erlebt hat: Die schöne Heimat Berlin, die wunderbaren Zeiten bei der Großmutter in Schlesien, die Landstraßen von dort bis Bayern, zu Fuß, im Zug, im Viehwaggon. Zwei Lager, eine Quarantäne, Zimmer ohne Fenster, Räume ohne Fußboden, Russen, Polen, Amerikaner, und immer war dieser blanke Eierbecher mit seinem Tellerchen darunter im Gepäck. Ich will ihn zurückhaben!
Ich schreibe an WMF. Dass ich mich nicht damit zufrieden geben werde, etwas so Kostbares verloren zu haben, nur weil eine renommierte Firma schlampert arbeitet. Ohne festen Untergrund drohe ich mit dem Rechtsanwalt.
Kurz darauf wieder ein Zettel im Briefkasten: Eine Postsendung sei abzuholen, heute, aber nicht vor 15.00 Uhr.
Um 15.00 Uhr halte ich sie in Händen, Absender WMF.
Wie beim erstenmal der kurze Weg nach Hause, auspacken, viel Holzwolle, ein Tellerchen. Ähnlich dem meinen, aber nicht das meine, und ein Brief.

Dass mein Gläserteller tatsächlich und bedauerlicherweise nicht mehr aufzufinden sei. Dass diese Serie seit Langem nicht mehr hergestellt werde. Dass man aber einen Ersatz schicke, mit meinem Namen graviert.

Und leider könne man mehr nun nicht für mich tun. Mit freundlichen Grüßen ...

Da liegt er nun, der Ersatzteller, vor mir auf dem Tisch.

Plump erscheint er mir, ganz anders als der, den meine Taufpatin mir geschenkt hat. Die Gravur zeigt zwar meinen Namen, richtig geschrieben, aber auch er hat nichts von der Zierlichkeit der Sütterlin-Buchstaben auf dem Original.

Nachdem ich zwei Tage und zwei Nächte mit dem Problem umhergegangen bin, es mich selbst bei der Arbeit nicht losgelassen hat, sich Wut und Trauer und Wiederhabenwollen gefestigt haben, schaue ich mir das Begleitschreiben von WMF noch einmal an. Unten auf dem Briefbogen stehen all die wichtigen Menschen der Firma vermerkt: Der Doktor Soundso, der Firmenchef Soundso, der Marketingmensch Soundso und der und der und der.

Ich suche mir den mit den meisten Titeln und dem klangvollsten Namen heraus und schreibe ihm. Schreibe ihm ein klein wenig von der Geschichte der Erinnerungsstücke meines Lebens. Wie meine Mutter sie gerettet hat durch all die Unbill der Zeiten. Wie ich der Firma, der er vorsteht, vertraut und ihr meine Kostbarkeiten anvertraut habe. Und wie böse ich enttäuscht wurde!

Das schicke ich denn ab, ohne jede Hoffnung.
Aber das Wunder geschieht!
Mein Gläserteller, der Zeit seines Lebens unter dem Eierbecher gestanden hat, und dort auch fürderhin stehen wird, mein Gläserteller kommt bei mir an. In Form eines Zettels, heute, aber nicht vor 15.00 Uhr.
In viel Holzwolle verpackt und mit einem Begleitschreiben von dem Mann mit dem klangvollen Namen und den vielen Titeln. Beim Entleeren des Kessels habe man den Teller gefunden. Man bedaure die mir entstandenen Kosten und Mühen.
Ich bin und bleibe davon überzeugt, dass ein Sammler das kostbare Stück genommen hat, und durch meine Hartnäckigkeit, und die wohl auch anrührende wahre Geschichte der beiden Teile, nicht anders konnte, als es der rechtmäßigen Besitzerin zurückzugeben.
Und das ist das Kind von damals, getauft am 12. Februar 1939, das von seiner Patentante einen Eierbecher mit Tellerchen geschenkt bekam.
Versilbert.
Von WMF.